本书由山东哲学社会科学领军人才"111"培育项目'
业高质量发展的机理、效应与对策研究"（项目编号：

经管文库·经济类

前沿·学术·经典

融资约束与中国制造业贸易利得

FINANCING CONSTRAINTS AND TRADE GAINS IN CHINA'S MANUFACTURING INDUSTRY

张盼盼 著

经济管理出版社

ECONOMY & MANAGEMENT PUBLISHING HOUSE

图书在版编目（CIP）数据

融资约束与中国制造业贸易利得 / 张盼盼著.
北京 ：经济管理出版社，2025. -- ISBN 978-7-5243
-0261-2

Ⅰ．F426.4

中国国家版本馆 CIP 数据核字第 2025QL6204 号

组稿编辑：王　洋
责任编辑：王　洋
责任印制：许　艳
责任校对：蔡晓臻

出版发行：经济管理出版社
　　　　　（北京市海淀区北蜂窝 8 号中雅大厦 A 座 11 层　100038）
网　　址：www. E-mp. com. cn
电　　话：（010）51915602
印　　刷：北京晨旭印刷厂
经　　销：新华书店
开　　本：720mm×1000mm/16
印　　张：11. 75
字　　数：168 千字
版　　次：2025 年 6 月第 1 版　　2025 年 6 月第 1 次印刷
书　　号：ISBN 978-7-5243-0261-2
定　　价：88. 00 元

前　言

获取贸易利得是一国参与国际贸易的最终目的之一。随着国际分工的深化和全球价值链在全球范围内的布局演进，中国创造了对外贸易的增长奇迹。尤其是 2001 年加入世界贸易组织（WTO）后，中国对外贸易发展迅速。根据 WTO 的统计，2013 年中国对外货物贸易总额为 4.16 万亿美元，同比增长 7.6%，首次超越美国跃居世界首位。从 2013 年开始，中国多次跃居全球最大货物贸易国，并持续带来巨额的贸易顺差。然而，这是基于重复核算中间产品值的传统贸易核算法统计的结果。不少研究表明中国目前是贸易大国并非贸易强国，中国真实的贸易利得依然较低，即中国真实的贸易利得与巨额的贸易规模并不匹配。随着国际分工的深化和全球价值链的深入演进，传统的贸易核算方法由于重复核算中间产品值已无法真实地反映一国贸易的规模。近年来，增加值贸易核算法因减少了中间投入品贸易额的重复核算而被 WTO、经济合作与发展组织（OECD）等国际性组织广泛推广。

在增加值贸易核算体系中，出口中的国内增加值部分被认为能真实地反映一国参与国际贸易过程中的贸易利得，并从本质上揭示一国参与全球价值链的广度和深度（Koopman et al.，2012；张杰等，2013；刘维林，2015；吕越和尉亚宁，2020；王孝松等，2023）。根据现有研究，中国制造业出口中的国内增加值部分仍较低，即中国制造业的真实贸易利得仍较低。由 WTO、OECD、世界银行、亚洲开发银行、亚洲经济研究所、对外经济贸易大学等知名国际组织和研究机构联合发布的专门基于贸易附加值数据的《全球价值链发展报告（2023）》显示，近些年中国制造业的出口国内增加值率虽有所上升但仍低于美国、英国、日本等发达国家。

制造业是在中国国民经济中具有支柱性质的产业，但目前中国的制造业依然处于转型升级阶段。一方面，中国的制造业仍有较多被锁定在全球价值链环节的中低端，中国只能从中赚取简单零部件生产、加工组装或代工贴牌的微薄利润。另一方面，中国高新技术制造业的一些关键核心技术仍被西方发达国家垄断和制约，不少高新技术出口品的生产和制造仍需从国外购买关键核心技术，不仅拉低了出口中的国内增加值部分，甚至多次导致国际贸易争端，给中国进出口和经济增长带来冲击。近年来，全球制造业增长形势也较为堪忧。根据联合国工业发展组织发布的《2023 年国际工业统计年鉴》，2022 年全球制造业增加值的增长率为 3.2%，比 2021 年降低了 4.2%，美国、欧洲和日本等发达工业化经济体制造业增加值的增长率均出现了不同程度的下降。由于全球价值链的国际分工生产模式，受全球制造业不良增长形势的影响，中国的制造业增长也受到一定程度的冲击，2022 年中国制造业增加值的增长率仅为 2.6%，比 2021 年降低了 7%。全球制造业增长形势较差的原因主要在于劳动力和资金成本上升、国际贸易摩擦、地缘政治日趋紧张、供应链不稳定等多重因素导致商品流通减速，从而制约了制造业的发展。

而在国际形势错综复杂的背景下，中国制造业面临的国内挑战也显著增多，如土地、劳动力和环境等低要素成本优势不断递减，能源、技术、土地和劳动力等综合要素成本持续上升等。此外，欧美等发达经济体为重振实体经济相继加大力度推进"再工业化"计划，积极发展高端制造业，也增加了中国制造业发展的压力。美国自 2008 年次贷危机后，开始逐渐意识到制造业特别是先进制造业的重要性，多次提出"再工业化"战略。特朗普第一次上台后开始加大对高科技和高附加值企业减免税收并给予资金扶持，同时提出"制造业企业回归"战略，倡导通过扩大出口来带动本土先进制造业的发展。拜登则延续了高度重视制造业发展的政策，吹响了"再工业化3.0"号角，而制造业占比一直比较稳定的德国自2011年提出"工业4.0"后也开始强化对制造业的政策扶持。以上多种因素致使中国的出口制造业在国际分工和全球价值链中同时面临着"中低端分流"至其他发展中国家和"高端回流"至发达国家的双重挤压，致使中国出口制造业面临的挑战不断增多。为此，我国曾多次提出要推动制造业转型升级并推进制造业贸易强国战略，以获取更多真实的制造业贸易利得，关于制造业真实贸易利得的研究也逐渐受到国内外学者的广泛关注。

随着国际贸易理论的发展，其研究对象从宏观的国家层面逐渐扩展到了微观的企业层面。18～19世纪初以亚当·斯密（Adam Smith）和李嘉图（Ricardo）为代表的古典贸易理论认为国与国之间绝对技术或相对技术的差异引致的绝对价格或相对价格的差异是产生国际贸易的根本原因。20世纪初至20世纪70年代以赫克歇尔（Heckscher）和俄林（Ohlin）为代表的新古典贸易理论认为国与国之间技术差异所带来的价格差异根本上是由自然或历史条件等导致的要素禀赋差异引起的，进而产生了国际贸易。20世纪70年代末至21世纪初以克鲁格曼（Krugman）为代表的新贸易理论认为，规模经济是除比较优势外国际贸易产生的另一个独立的重要基础。21世纪初开始，以梅利茨（Melitz）、赫尔普曼（Helpman）以及安特拉斯（Antras）等为代表的新新贸易理论则主要认为企业规模、资本密集度、人力资本等方面的差异综合表现为企业生产率的差异，进而引起了企业在国际贸易和投资中出口行为、投资行为和生产组织行为的差异，即从现实中同一产业内部存在差异的企业（异质性企业）角度解释了国际贸易和投资发生的原因，从而对传统的古典、新古典贸易理论和新贸易理论进行了补充。

在传统的新新贸易理论中，企业利润率足够高才有能力支付海外市场的拓展成本，且决定利润率高低的关键因素是生产率的高低（Melitz，2003）。因此，传统新新贸易理论的研究多从生产率的角度探讨企业的国际贸易和投资行为。随着新新贸易理论的发展，越来越多的学者研究发现生产率异质性并非造成企业国际贸易和投资差异的唯一原因。Dekle 等（2008）运用模拟法研究发现部分未观测到的企业异质性因素和生产率异质性共同影响了企业的国际贸易和投资行为。传统的新新贸易理论的研究假设金融市场是完全有效的。但事实上，企业是否有能力支付海外市场的拓展成本在一定程度上取决于非完全有效金融市场下企业的融资约束。当企业融资约束较高时，便很难支付海外市场的拓展成本；反之则有能力支付海外市场的拓展成本。因此，融资约束便成为制约企业能否进行海外市场拓展的又一重要因素，并逐渐被列入企业异质性来源之一。Chaney（2005）以及 Manova（2008）等均认为企业用于国内销售和出口贸易的生产均需提前垫付无法靠未来销售收入获得的大量资金以用于初始的固定资本（土地、设备、机器、厂房等）和可变资本（市场调研、广告、中间品采购、工资等）投入，并将融资因素引入到企业如何进行国际贸易和投资的经典异质性企业理论框架内，从而拓展了传统的新新贸易理论，这也因而成为本书研究的重要理论基础。而 2008 年国际金融危机导致国际贸易和投资大幅缩减后，越来越多的学者也开始考察金融因素如外部融资状况对实体经济的影响。

一直以来，党和国家高度重视并曾多次强调要着力增强金融服务实体经济的能力。2023 年中央金融工作会议提出"要坚持把金融服务实体经济作为根本宗旨，建设金融强国，优化金融资源和融资结构，满足不同企业融资需求"。2024 年政府工作报告再次指出"要更好满足企业融资需求"。自Melitz（2003）开创异质性企业研究的先河以来，已有不少研究证实了融资约束差异对企业出口行为的影响。融资约束的主要原因不仅在于企业自身因素如生产率、企业规模和创新能力等，也在于外部因素如金融市场化程度、金融政策和契约环境等。现有研究鲜有详细地探讨融资约束对制造业贸易利得的影响。那么融资约束如何影响中国制造业的贸易利得？该影响又如何受中国金融市场化的作用？这在目前国际形势日益错综复杂、全球经济不确定性进一步加大的背景下，对于增强外贸获利水平，建设金融强国和贸易强国具有重要的理论和现实指导意义。本书立足于中国制造业企业出口数据，用企业层面的出口国内增加值率衡量制造业贸易利得，详细地探讨融资约束对中国制造业贸易利得的影响以及不同维度下中国金融市场化对该影响的调节作用。

　　本书共分七章，第一章分别对融资约束和贸易利得两者之间的关系进行了系统的梳理、总结与概述。第二章分析了融资约束影响制造业贸易利得的理论框架，并从基准实证、动态影响、稳健性三个方面分析了融资约束对中国制造业贸易利得的影响。第三章从企业贸易方式、企业所有制、企业生产率、企业规模、企业所在区域五个方面分析了中国制造业融资约束对其贸易利得的异质性影响。第四章分析了融资约束抑制中国制造业贸易利得提升的两个机制，即技术创新与成本加成率。第五章分别从利率市场化与影子银行规模扩张两个不同维度分析了金融市场化对融资约束抑制中国制造业贸易利得提升的不同调节效应。第六章分析了技术创新在金融市场化不同调节效应发挥过程中的机制作用。第七章全面总结了本书的主要研究结论，并根据该主要研究结论从企业融资约束和金融市场化等视角提出了促进中国制造业贸易利得进一步提升的政策和建议。

张盼盼

2024 年 12 月

于青岛市社会科学院经济研究所

目　录

第一章　融资约束与贸易利得
相关概述

本章旨在对不同国际贸易理论下的贸易利得、融资约束对贸易利得的影响、金融市场化对融资约束的影响等本书相关主题进行系统梳理和综述性分析。首先，本章将沿国际贸易理论的发展主线，深入回顾不同理论对贸易利得来源和表现形式的解释，包括重商主义、古典贸易理论、新古典贸易理论、对外贸易乘数理论、新贸易理论和新新贸易理论，并重点讨论增加值贸易核算体系下的贸易利得及其衡量方法。其次，本章将系统分析融资约束相关理论、融资约束的测度问题以及融资约束对企业贸易行为和贸易利得的可能影响。由于金融市场化是企业融资约束的重要影响因素，金融市场化的推进可能会通过降低企业外部融资成本，缓解企业融资约束，进而增加企业出口并提升企业贸易利得，本章最后将剖析金融市场化的内涵和测度方法以及金融市场化对融资约束进而对贸易利得的可能影响。通过对这些相关主题的析理，本章为深刻理解融资约束与贸易利得两者之间的关系和后续章节的分析提供基础。

第一节 引言

贸易利得不仅关乎一国的经济增长和国民福利，还深刻影响着全球经济的资源配置和分工格局。随着全球经济一体化的推进，国际贸易的形式和内容不断演变，国际贸易理论也随之不断发生变化。作为国际贸易学科领域研究的核心问题之一，贸易利得的来源、界定、内容、本质和衡量标准也在不同的国际贸易理论中呈现出多样化的特点。从早期重商主义对贸易顺差的追逐，到古典贸易理论强调国际分工和交易带来的多方面利益，再到新古典贸易理论从要素禀赋差异角度揭示贸易利得来源，以及后续对外贸易乘数理论、新贸易理论和新新贸易理论对贸易利得内涵和表现形式的不断拓展，贸易利得的研究随着国际贸易理论的发展而不断深入。由于国际垂直专业化分工和全球价值链体系的演变，贸易利得的分配和衡量逐渐变得复杂，传统的贸易统计方法以最终产品的总值为基础，忽略了中间产品贸易的重复计算问题，导致贸易顺差和贸易利得的评估存在偏差，因而难以准确衡量一国参与国际贸易的实际利得，增加值贸易核算体系的引入为这一问题提供了新的解决思路，它通过区分国内增加值和国外增加值，更加真实准确地反映了各国在全球价值链中的地位和贸易利得的分配情况。

在国际贸易的研究中，随着新新贸易理论的发展，融资约束对国际贸易的影响逐渐受到关注。企业的融资约束状况不仅会影响其出口决策、出口概率、出口规模、出口扩张和出口竞争力，还会对企业的出口贸易方式、全球价值链地位以及增加值贸易产生影响，进而可能会影响企业的贸易利得。金融市场化作为金融领域的重要变革，其对融资约束的影响一直是经济管理领域研究的热点问题。金融市场化的推进可以通过降低政府对金融市场的过度干预，放松政府对金融市场的过分管制，确立市场导向在金融资源配置中的基础作用。然而，金融市场化对企业融资约束的作用受到多种因素的制约，包括地区金融市场化水平、企业规模等，学术界对此并未达成一致的结论。因此，金融市场化如何调节融资约束对贸易利得的影响效应尚未可知。基于此，本书第一章将系统地对融资约束与贸易利得进行概述，梳理不同贸易理论下的贸易利得，探讨融资约束对贸易行为和贸易利得的影响，以及金融市场化对融资约束的作用，为后续的研究奠定坚实的基础。

第二节　贸易利得

作为国际贸易学科领域研究的重要核心问题之一，贸易利得①（或贸易利益）在不同国际贸易理论中的来源、界定、内容、本质和衡量标准也不尽相同。为了使分析和阐述更加条理化，本节首先沿国际贸易理论发展的主线，系统梳理不同国际贸易理论下的贸易利得。其次由于本书关于贸易利得衡量方法的分析属于增加值贸易核算体系下的定量分析，因此本节重点阐述了增加值贸易核算体系下的贸易利得以及增加值贸易核算体系中以出口国内增加值为代表的贸易利得。

一、不同贸易理论的贸易利得

（一）重商主义理论的贸易利得

对贸易利得问题的研究最早始于欧洲重商主义时期。欧洲重商主义产生于 15 世纪，盛行于 16~17 世纪，并于 18 世纪开始瓦解。这期间，在欧洲资本原始积累的要求下，重商主义思想将金银货币资本作为衡量财富的唯一形式，而国际贸易的主要目的是获取并积累金银货币资本、增加社会财富，国际贸易顺差则是获取并积累金银货币资本的源泉。重商主义的重要代表人物托马斯·孟（Thomas Mun）在其《英国得自对外贸易的财富》（1664）一书中提出为保持国际贸易顺差一国应坚持少买多卖的原则，即尽可能地只出口

---

① 本书所述贸易利得均指国际贸易利得。

以增加金银货币资本的流入，而不进口以减少金银货币资本的流出。因此，在重商主义思想框架下，贸易利得本质上是一种基于他国损失的"零和博弈"，而贸易盈余是贸易利得的唯一衡量标准。总体来看，重商主义时期贸易利得是欧洲资本原始积累对商业资本利益要求的反映。

（二）古典贸易理论的贸易利得

英国古典政治经济学家亚当·斯密（Adam Smith）在其1776年出版的《国民财富性质和原因的研究》一书中对重商主义思想进行了深刻有力的抨击，认为金银货币资本所能购买的商品数量才是衡量财富的重要形式，而专业化的社会分工引致的劳动生产率的提高进而带来的生产扩大才能增加社会财富。而国际贸易可以通过拓展市场，将国内社会分工延伸到国外，扩大国际分工范围，进而提高专业化程度和劳动生产率，最终促进国民财富增长。国际贸易发生的基础是国与国之间生产同一种产品的绝对劳动成本的差异（劳动生产率的绝对优势），一国应该出口绝对劳动成本低于他国的产品而进口绝对劳动成本高于他国的产品，各国应根据本国的绝对优势进行国际分工和产品交换。根据亚当·斯密的绝对劳动成本理论，贸易利得可以概括为通过使用价值的交换促使交换价值增加，满足消费者的欲望，增加居民的就业和收入，并扩大市场，促进分工，提高劳动生产率，最终增加国民财富。

亚当·斯密的后继代表李嘉图在其1817年出版的《政治经济学及赋税原理》一书中继承并发展了亚当·斯密的绝对劳动成本理论，认为国际贸易产生的原因不是国与国之间生产同一种产品的绝对劳动成本的差异而是相对劳动成本的差异（劳动生产率的比较优势），国与国之间只要有相对劳动成本差异存在，国际贸易即可带来比较利益。李嘉图的相对劳动成本理论将贸易利得视为一国通过在国际贸易中出口比较利益最大的产品，进口比较利益最小的产品，进而带来的生产和消费总量的增加以及劳动生产率的提高。归纳起来，在上述亚当·斯密和李嘉图的古典贸易理论框架下，贸易利得主要体现在国际分工和交易带来的以下三个方面：一是多样化产品给消费者带来偏好满足的利益；二是专业化分工给社会带来技术进步的利益；三是资源配置得以优化和要素报酬得以提高的利益。至此，贸易利得的内涵从重商主义理论单纯追逐贸易顺差的范畴扩展到了古典贸易理论增加产品多样性，改善资源配置和提高要素报酬的范畴。

（三）新古典贸易理论的贸易利得

虽然上述古典贸易理论从劳动生产率差异的角度解释了国际贸易的基础以及由此带来的贸易利得的不同表现形式，但却未能解释造成劳动生产率差异的原因是什么。一个世纪后，瑞典经济学家 Heckscher（1919）和 Ohlin（1933）提出要素禀赋理论（H-O 理论），认为国际贸易的基础是自然条件、地理位置和历史发展等诸多因素带来的资本要素和劳动要素禀赋的差异。因此，H-O 理论事实上是从深层次上揭示了贸易利得的来源。根据 H-O 理论，若两国生产技术条件相同，生产要素在国内可以自由流动，且要素密度逆转不存在，资本要素和劳动要素禀赋的差异会导致两国对于 X 和 Y 两种产品生产能力和供给能力的差异，进而引起产品相对价格的不同，最终造成一国倾向于出口其丰富要素生产的产品，进口其稀缺要素生产的产品。后来，Stoppard 和 Samuelson 在 H-O 理论的基础上引申出国际贸易会导致一国丰富要素报酬提高以及稀缺要素报酬下降的结论（1941）。现实中，资本要素在短期内并不能在不同部门之间自由流动，而劳动要素在短期内可以在不同部门之间自由流动。在此条件下，Samuelson（1971）和 Jones（1971）分别对 H-O理论进行了补充，认为国际贸易会提高出口部门的资本报酬，而降低进口替代部门的资本报酬。由此可以得出，在新古典贸易理论框架下，贸易利得主要表现为一国丰富要素所有者收入的提高，稀缺要素所有者收入的下降，以及生产要素资源的再配置和收入分配格局的实质性变化。

（四）对外贸易乘数理论的贸易利得

20世纪20年代末，资本主义经济危机爆发。凯恩斯（Keynes）在其1936年出版的《就业、利息和货币通论》一书中以有效需求不足为基础初步提出了对外贸易乘数理论。凯恩斯主义的继任者 Machlup（1943）和 Harrod（1948）在凯恩斯投资乘数原理的基础上引申并完善了对外贸易乘数理论，也即出口乘数理论。若边际消费倾向既定不变，则对外贸易乘数为 $k = (i+s+t)^{-1} > 1$，其中，i、s 分别为边际进口倾向和边际储蓄倾向，t 为税率。根据对外贸易乘数理论，出口对就业和国民收入的倍增作用类似于国内投资，进口对就业和国民收入的倍减作用类似于国内储蓄。出口越多，边际进口倾向和边际储蓄倾向越小，国民收入增加的倍数就越大，出口扩大所带来的收入增加可以推动就业和国民收入循环往复的成倍增加。进口越多，边际进口倾向和边际储蓄倾向越大，国民收入减少的倍数就越大。而只有当对外贸易顺差时，就业和国民收入才会成倍的增加，即在上述对外贸易乘数中，贸易顺差1单位的增加会带来国民收入k单位的增加。因此，对外贸易乘数理论下的国际利得表现为国民经济随着贸易增长而成倍的增加。

（五）新贸易理论的贸易利得

20世纪前半叶到20世纪70年代末，强调要素禀赋差异和相对价格差别的新古典贸易理论一直是国际贸易理论的典范，但其假定条件下的贸易形态只是产业间贸易。根据关贸总协定（GATT）和WTO的统计，现实中自20世纪60年代以来，约2/3以上的国际贸易是发生在技术、资源和偏好较为相似的发达国家间且大多是集中在制造业部门的产业内贸易。为解释产业内贸易的原因，美国经济学家克鲁格曼等（1981）提出了"新贸易理论"（产业内贸易理论），认为非完全竞争条件下，规模经济是除比较优势外国际贸易产生的另一个独立的重要基础，即使国与国之间的比较优势不存在，由于规模经济，国际贸易和国际分工仍然可以在产业内产生。两国要素禀赋的相似度越高，产业内贸易产生的可能性越大。在新贸易理论下，贸易利得主要体现在以下三个方面：一是垄断竞争条件下，国际贸易会扩大一国市场，进而促使企业提高产量，实现规模经济利益，降低生产成本，并带给消费者更多的消费选择和更多的满足；二是寡头垄断条件下，国际贸易可以改变市场结构，降低资源配置扭曲，并促进竞争和技术进步；三是当产业内贸易处于主导地位时，丰富要素所有者和稀缺要素所有者的福利都会得到提高。

（六）新新贸易理论的贸易利得

无论是传统贸易理论还是现代贸易理论都注重解释产业间或产业内国家间贸易产生的基础以及贸易的结构和影响，但却没有解释现实中同一产业内部存在差异的企业在国际贸易中的行为。进入 21 世纪后，Melitz（2003）及其后继者提出了从企业层面解释国际贸易中异质性企业不同出口行为、投资行为和生产组织行为的理论，即新新贸易理论，主要包括以 Melitz（2003）和 Helpman 等（2004）为代表的异质企业贸易模型和以 Antras（2003）为代表的企业内生边界模型。根据早期的新新贸易理论，高生产率企业利润更高，更有能力承担海外市场的固定成本，其出口概率以及成为跨国公司的概率更高，而低生产率企业利润较低，不足以承担开拓海外市场的固定成本，只在国内销售或在长期内倾向于被迫退出市场，产业的总体生产率也会伴随这种进入退出机制不断提高。因此，早期的新新贸易理论主要认为国际贸易可以通过"倒逼"企业提高生产率重新配置产业内不同生产率企业的市场份额，最终提高行业整体生产率。由此也不难发现，这事实上从企业层面揭示了制造业贸易利得的决定因素，即生产率越高的企业利润就越高。在 Melitz

（2003）的模型中成本加成外生不变，这无法反映行业间与行业内的产品替代弹性。因此，对成本加成的研究逐渐成为国际贸易学科领域的重要内容之一，成本加成率逐渐被用来作为反映制造业贸易利得的重要指标（Edmond et al.，2015）。

二、贸易增加值核算体系的贸易利得

对贸易利得评估问题的研究一直是国际贸易领域的核心内容之一。区别于上述不同国际贸易理论下的贸易利得分析，贸易增加值核算体系的贸易利得分析是对直接的静态贸易利得的讨论。

贸易增加值与国际垂直专业化分工的发展密不可分。20 世纪 60 年代前后，由于科学技术进步带来信息通信、交通运输和数据处理等交易成本的不断降低，再加上要素禀赋和国际贸易体制改革等因素，国际垂直专业化分工兴起并迅速发展。Balassa 于 1967 年首次提出国际垂直专业化分工，是指随着经济全球化的深入演进，在同一种商品生产的不同环节，一国或地区将从他国或地区进口的中间投入品投入到本国或本地区产品生产中，进行生产加工后出口至第三国或地区，即在同一种商品生产过程中多国或多地区参与分工和贸易进行专业化协作生产，直至最终产品出口至最终目的国。国际垂直专业化分工使同一产品的不同生产环节在全球范围内遭受空间分离，不同国家间的垂直生产链在全球范围内不断细化和延展，形成全球价值链，为跨国公司提供了协调各地区生产、销售和分配利润的战略手段，从而令全球价值链上不同国家之间的中间投入品贸易量不断增加（Hummels，2001），贸易利得的分配主体和模式愈加复杂。随着垂直专业化分工的深化和全球价值链的广度和深度在全球范围内的延伸，一国的专业化生产主要是全球价值链上符合自身比较优势的某个环节，其出口品中包含全球价值链上其他国家的生产价值。因此，全球价值链上不同环节的价值创造及分配问题一直是国际贸易领域研究的重点和热点问题之一。对于那些在全球价值链上只完成加工装配等劳动密集型生产环节的国家或地区创造的价值增值较少，但按照传统的用产品生产最终环节的总值代表产品全部增加值的方法却拥有较大的出口额和贸易顺差。在此种情况下，按照进出口总值进行贸易统计的传统方法已经难以准确评估一国参与国际贸易的实际利得和贸易结构。中国科学院的陈锡康最早在 2001 年提出应用贸易增加值代替贸易总值来衡量双边贸易差额，并创新性地用非竞争型投入产出模型准确地衡量了中国 1999 年的贸易增加值。Maurer 和 Degain（2010）也认为用全球价值链上最终环节的总值代表产品全部增加值的方法会带来严重偏差，对上述传统统计方法提出了掷地有声的质疑。

如何对一国参与国际贸易的实际利得和贸易结构进行评估越来越受到国际社会和学者们的广泛关注和重视。其中减少中间产品值重复计算的价值增值理论与方法日益受到认可和推广（Koopman et al.，2010、2012、2014），其重要倡导者和推动者是 WTO。2010 年起，WTO 开始推动研究用贸易增加值核算理论和方法代替传统的最终产品总值核算方法，并于 2011 年和日本亚洲经济研究院共同提出用世界投入产出表来测度双边贸易的增加值以更准确地反映国际分工和贸易利得。与此同时，由传统的最终产品总值核算方法引发的贸易不平衡问题及相关国际争端愈演愈烈。因此，贾怀勤（2012）等指出贸易增加值核算理论和方法亟须被推广应用于应对全球化带来的挑战。贸易增加值核算理论是指全球价值链背景下在垂直专业化分工理论的基础上，通过对垂直专业化指标计算过程中下述假设条件的不断修正，从价值增值角度进行国际贸易往来核算的贸易统计框架（潘文卿等，2015）。而贸易增加值核算方法也随着贸易增加值理论的演进而不断递进，并最终形成贸易增加值核算体系。

Hummels 等（2001）在狭义上开创了垂直专业化生产的测量，后来学者通过逐渐放松其严格的假设条件使贸易增加值核算方法成为可能并逐渐完善。Hummels 等（2001）基于投入产出表首次将一国出口分为国内增加值和国外增加值 VS（出口中包含的进口中间值），并将垂直专业化定义为 VS 占出口总值的比重。在此条件下，Hummels 等（2001）运用 13 个 OECD 国家和地区的投入产出表计算出了垂直专业化占这些国家（地区）出口的比重约为 21% 及其增长率约为 30%。而 Koopman 等（2010）则指出 Hummels 等（2001）的方法实则隐含两个假设条件：一是将进口中间投入品加工成半成品再出口的情况不存在；二是进口中间投入品被等比例地用于内销和出口的最终品。而事实上，这两个条件在现实中并不总成立。

为克服上述 Hummels 等（2001）的研究中两个假设条件的缺陷，Wang 等（2009）对 Hummels 等（2001）的第一个假设条件放松，建立了一个包含多国的投入产出模型，分解了全球价值链上各个国家的净增加值。Koopman 等（2008）对 Hummels 等（2001）的第二个假设条件放松，基于中国的投入产出表估计了加工贸易普遍存在的中国的出口国内增加值，发现这一比例由入世前的 50% 增长到了入世后的 60%。而 Koopman 等（2010）对 Hummels 等（2001）的两个假设条件同时进行了放松，利用 GTAP 数据库构建了一个基于全球性区域间投入产出模型的分块矩阵结构，计算出了出口增加值的国内和国外两部分以及国内增加值在全球价值链上的上下游成分。此后，Stehrer（2012）认为贸易增加值为一国出口到国外最终消费品中的直接和间接增加值，进而将贸易增加值核算定义为增加值出口与增加值进口的差额。Johnson 和 Noguera（2012）根据增加值出口目的地对增加值出口分解，排除了贸易增加值核算体系中返还国内增加值的进口部分。Koopman 等（2014）将之前的研究综合纳入统一的核算框架中，对一国总出口进行了彻底细分（出口分解法），发现一国总出口由国内增加值、垂直专业化和一些统计项加总构成，从而确定了贸易增加值核算体系的基本框架。

贸易增加值核算体系的出现刷新了国际社会和学者对一国真实贸易规模和贸易利得的新认识。不少学者也发现根据传统的最终产品总值核算方法统计的总量贸易也不能反映中国在国际贸易中的真实情况。王岚（2013）说明了运用贸易增加值核算体系的方法更加客观，可以弥补传统的最终产品总值核算方法在全球价值链体系下的不足，能够反映一国的真实贸易利得。Johnson 和 Noguera（2012）研究发现在贸易增加值核算体系下，中美之间的贸易顺差会缩减 30%~40%。赵玉焕和常润岭（2012）分析发现贸易增加值核算体系更适合作为衡量我国进出口贸易的实际情况。张咏华（2013）研究发现中国制造业出口规模在运用贸易增加值核算体系的方法下平均减少了 50%。王岚（2013）对上述两种贸易核算方法进行分析比较发现以往中国贸易差额和贸易利得评价被严重高估和扭曲。黄先海和杨高举（2010）、Koopman 等（2012）、邓军（2013）均认为在传统的最终产品总值核算方法下中国的贸易差额和贸易利得存在重复计算问题，隐含了外国的增加值部分。陈雯和李强（2014）认为传统的最终产品总值核算方法扭曲了我国的实际出口规模，而运用贸易增加值核算体系的方法将中国对外贸易大而不强的局面真实地反映了出来。

三、以出口国内增加值为代表的贸易利得——中国的经验研究

在上一部分对贸易增加值核算体系的静态贸易利得分析中，Koopman 等（2014）确定了贸易增加值核算体系的基本框架为国内增加值、垂直专业化和一些统计项的加总。为了获得直接的可比性，部分学者选择直接用贸易增加值核算体系中的出口国内增加值部分来代表一国的贸易利得进行相关研究。例如，江希和刘似臣（2014）分析了中国向美国出口的制造业增加值，

发现中国在全球价值链中的利润获取仍处于低等地位；肖威（2015）基于出口国内增加值视角，对各国垂直专业化分工带来的静态贸易利得进行了估算。吕越等（2018）以及王孝松等（2023）也均认为中国的出口国内增加值即贸易利得较低。也有部分学者直接对一国出口国内增加值进行了客观评估和分析。戴翔（2015）利用世界投入产出表，基于出口国内增加值视角，估算了中国1995~2011年整体和各行业的贸易利得。张海燕（2013）研究认为中国整体的出口国内增加值率不高。徐久香和方齐云（2013）研究发现中国制造业尤其是高技术行业制造业的出口国内增加值率较低。罗长远和张军（2014）在分解出口行业数据的基础上，对代表性国家出口国内增加值比重进行了对比研究，结果发现由于产业内效应和产业间效应的存在以及出口行业自身的附加值创造力不足导致中国出口中的国内增加值占比位于中等偏下水平。

然而，上述用贸易增加值核算体系中的出口国内增加值来代表一国贸易利得的研究大多是从宏观的国家或行业层面进行的研究。随着国际贸易理论演进过程中新新贸易理论的发展，传统的从国家或行业层面对国际贸易原因进行解释的不足逐渐显现，学者们开始从异质性企业层面对国际贸易原因进行补充解释。因此，部分学者采用了不同时间范围和不同样本量及样本类型的数据对企业层面的出口国内增加值尤其是对中国企业的出口国内增加值进行了大量研究。主要表现在以下两个方面：

一方面，部分学者对中国出口国内增加值率的影响因素进行了研究。张杰等（2013）利用2000~2006年中国工业企业数据和中国海关贸易数据的匹配数据以及各省份的外商直接投资（FDI）流入数据，研究发现FDI流入是中国企业出口国内增加值率提高的重要原因。而Kee和Tang（2016）利用2000~2007年中国工业企业数据和中国海关贸易数据的匹配数据以及中国进出口关税细分数据，研究认为除了FDI流入外，贸易自由化引致的中间投入品进口关税的降低也是导致中国企业出口国内增加值率上升的重要因素。而毛其淋和许家云（2019）利用 2000～2007 年中国工业企业数据和中国海关贸易数据的匹配数据，研究发现贸易自由化对企业出口国内增加值率的提升作用随着加工贸易比例的增加而降低。魏悦羚和张洪胜（2019）利用 1997～2011 年 38 个国家 19 个行业的数据，进一步研究发现贸易自由化对高层次的中国出口国内增加值的影响并不显著，对低层次的中国出口国内增加值的影响显著为正。许和连等（2017）将 2000～2010 年世界投入产出数据（WIOD）与中国工业企业数据和中国海关贸易数据结合，研究认为制造业投入服务化对中国企业出口国内增加值率具有显著的提升作用。邵朝对和苏丹妮（2019）利用 2000～2007 年中国工业企业数据和中国海关贸易数据的匹配数据，研究发现本地化产业集聚会明显提高中国企业的出口国内增加值率。吕越和尉亚宁（2020）利用 2000～2013 年中国工业企业数据和中国海关贸易数据的匹配数据，在测度企业贸易网络的基础上，研究发现企业贸易网络也可以显著提升中国企业的出口国内增加值率。

另一方面，对于导致中国低出口国内增加值的原因，也有部分学者进行了探究并给出了不同的解释。罗长远和张军（2014）对出口行业数据进行分解，结果发现产业内效应和产业间效应及出口行业自身的附加值创造力不足导致了中国出口国内增加值总体水平低下。李胜旗和毛其淋（2017）利用 2000～2007 年中国工业企业数据和中国海关贸易数据的匹配数据，以制造业上游垄断为视角考察了中国企业出口国内增加值率变化的原因和机制，研究发现中国制造业的上游垄断显著抑制了下游企业的出口国内增加值率。吕越等（2018）利用 2000～2013 年中国工业企业数据和中国海关贸易数据的匹配数据，通过构建市场分割与企业出口国内增加值的相关理论框架，指出国内不同省份区域之间的市场分割及由此带来的市场壁垒阻碍了中国企业出口国内增加值率的提升。诸竹君等（2018）利用 2000～2007 年中国工业企业数据和中国海关贸易数据的匹配数据，在 Kee 和 Tang（2016）的扩展模型框架下，研究认为静态条件和动态条件下进口中间投入品质量的升级均会在一定程度上降低中国企业的出口国内增加值率。耿伟和杨晓亮（2019）利用 2000~2007 年中国工业企业数据和中国海关贸易数据的匹配数据，通过把最低工资引入到 Kee 和 Tang（2016）的模型框架下，研究发现中国近年来不断上涨的最低工资标准显著降低了中国企业的出口国内增加值率。王孝松等（2023）利用 2000~2013 年中国工业企业数据和中国海关贸易数据的匹配数据，在 Kee 和 Tang（2016）的模型框架中引入产业间生产要素的流动，研究发现过早的去工业化会抑制中国企业出口国内增加值率的提升。

综合来看，以上两个方面研究着重分析了影响中国企业出口国内增加值的外在因素，而企业出口国内增加值的高低更受企业自身技术创新和成本加成率的显著制约（李胜旗和毛其淋，2017；诸竹君等，2018；余骁等，2023）。从企业的技术创新来看，技术创新会增加国内中间投入品的供给种类和供给数量，并通过市场竞争降低国内中间投入品的相对平均价格，进而提升企业出口国内增加值（李胜旗和毛其淋，2017）。此外，技术创新还会通过提升企业生产率降低企业边际成本，并通过扩大企业市场势力降低消费者对其产品的需求价格弹性，进而提高企业成本加成，最终提升企业出口国内增加值（刘啟仁和黄建忠，2016；诸竹君等，2017）。从企业的成本加成率来看，企业成本加成率的提高会扩大企业总产出和总投入的比重，提升企业的利润率，最终促使企业出口国内增加值率的提升（李胜旗和毛其淋，2017；卜文超和蒋殿春，2024），而企业的技术创新和成本加成率均受企业融资约束的显著制约。

本书试图用增加值核算体系中企业层面的出口国内增加值率来代表制造业贸易利得，从融资约束和金融市场化的角度解释中国制造业贸易利得较低的原因，并试图给出相应的对策建议。

四、贸易利得的其他研究

"二战"后，随着国际分工的深化，关于贸易利得的主要研究除了主要集中在以上新古典贸易理论、新贸易理论、新新贸易理论以及贸易增加值核算体系中，还包括以下两个方面：贸易利得内涵的分解问题和贸易利得的评估问题。

（一）贸易利得内涵的分解问题

贸易利得内涵的分解更细，被明确地分为直接贸易利得和间接贸易利得（曾铮和张路路，2008）、狭义贸易利得和广义贸易利得（胡东波和任燮康，1997）、静态贸易利得和动态贸易利得（张二震，1995）。静态贸易利得可视为直接贸易利得，是指技术和资源禀赋等外在条件不变时一国参与国际分工和国际贸易所获得的如产量的增加、贸易增加值的大小、出口国内增加值的大小、社会福利水平的提高等。而传统的狭义上的贸易利得所指的一般是静态贸易利得。动态贸易利得可视为间接贸易利得和广义贸易利得，是指通过国际贸易产生的表现在国际贸易之外的如市场扩大、就业提升、产业升级、技术进步、生产率的提升等一系列间接的潜在的利得。而广义的贸易利得所指的一般是动态贸易利得。根据对贸易利得内涵的此分解方法，在上述不同贸易理论中，重商主义贸易理论强调的贸易利得是直接上和狭义上的静态贸易利得；古典贸易理论和新古典贸易理论强调的贸易利得是间接上和广义上的动态贸易利得；对外贸易乘数理论强调的贸易利得是直接上和狭义上的静态贸易利得；新贸易理论和新新贸易理论强调的贸易利得是间接上和广义上的动态贸易利得。虽然广义上的动态贸易利得关注的着眼点更综合全面，但却并不具有直接的可比性以及定量分析的可能性。此外，周琢和祝坤福

（2020）利用中国外资企业数据将贸易利得内涵分解为中国属权要素出口增加值和别国属地要素出口国内增加值，但其研究的数据范围只能局限在外资企业数据。为了具有直接可观测的可比性和定量分析的可能性，本书研究关注的贸易利得为贸易增加值核算体系下的出口国内增加值，因此本书更多的是关注直接上和狭义上的静态贸易利得①，具有直接可观测的可比性并使定量分析成为可能。

（二）贸易利得的评估问题

从 20 世纪 50 年代开始，要素贸易条件、价格贸易条件和收入贸易条件逐渐被引入贸易利得的分析中。此外，产业内垂直型一体化及贸易附加值指标的测度使贸易利得的测评从定性分析逐渐转向成熟的定量分析，并且关于贸易利得定量分析的测度方法也不断更新，逐渐从传统的产品生产最终环节的总值核算法过渡到贸易附加值核算法。尤其是进入 21 世纪后，越来越多的研究开始用增加值贸易核算法测量一国的贸易利得。如 Hummels 等（2001）、Koopman 等（2010、2012、2014）的研究均用不同方法测量了一国或多国的贸易增加值且测量方法也在不断进步和成熟。随着贸易增加值核算体系的成熟，部分学者开始用增加值核算体系中的出口国内增加值来代表一国直接的和静态的贸易利得。

第三节　融资约束与贸易利得

一国或一地区的金融发展状况会影响到该国或该地区的贸易行为，尤其

---

① 本书研究的制造业贸易利得是贸易利得范畴中的直接和静态贸易利得。

是出口贸易行为。Kletzer 和 Bardhan（1987）通过构建两部门分析模型，最早强调了贸易与金融体制的关系，认为不同金融体制国家的利率高低和信贷配给情况具有差异性，高利率和信贷配给紧张国家的资本要素成本更高，从而导致其资本要素密集型产品在国际市场中的比较优势较低。此后，Beck（2002）在 Kletzer 和 Bardhan（1987）研究的基础上指出，金融中介在高金融发展水平的国家会提高出口制造业的回报率和规模水平。Manova（2006）也认为，在高金融发展水平国家，投资者和企业的契约达成率更高，贸易总量也相对较高，金融脆弱部门的出口效率更低。而 Manova（2008）的研究则证实了一国的金融发展状况尤其是资本市场的自由化水平是影响该国与其他国家间贸易行为的重要因素。此外，一国或一地区的金融发展状况对行业层面贸易行为的影响也较为明显，尤其是对外部融资高依赖度和拥有低抵押资产行业的影响更为明显。在高金融发展水平国家中，对外部融资高度依赖和拥有低抵押资产的行业往往在出口贸易中的优势更大。Rajan 和 Zingales（1998）以及 Braun（2003）均研究认为，在高金融发展水平国家中，对外部融资高依赖度的行业增长较快，在国际市场上更具有比较优势。Beck（2002、2003）运用 56 个国家 10 年间的贸易数据研究发现在高金融发展水平国家，对外部融资高依赖度的行业对流动性约束的解决能力更强，因而更具有比较优势。Svaleryd 和 Vlachos（2005）以及 Becker 和 Greenberg（2007）通过测度不同行业层面的相关指标，均得到了与上述研究结果相似的结论。Hur 等（2006）研究认为优良的外部金融环境可以提高内部融资不足行业的平均出口份额。Manova（2008）的研究表明，金融自由化会促使对外部融资高度依赖和拥有低抵押资产行业的出口提升。

此后，2008 年国际金融危机一度导致全球贸易和外商直接投资大崩溃，而致力于探讨金融因素对国际贸易影响的研究也越来越多。不少研究发现金融因素对国际贸易具有重要的作用（包群和阳佳余，2008；Chor and Monova，2012）。吕越等（2016）采用中国与其他 41 个国家和地区的双边贸易数据研究发现行业面临的融资约束状况决定了行业在全球价值链中的地位和嵌入度。盛斌和景光正（2019）采用 GAM 估计方法对一国金融结构与全球价值链地位进行拟合，证实了一国金融结构对其全球价值链地位的影响作用。Ju 和 Wei（2011）运用一般均衡理论，研究发现只有当一国经济体制水平较低时，金融因素才会给贸易带来比较优势。虽然以上大量的实证研究均验证了金融因素对贸易行为的影响，但多是基于国家层面和行业层面。随着国际贸易理论演进中新新贸易理论的发展，学者们开始从异质性企业层面对国际贸易中的现象及其原因进行补充解释，而从企业层面探究金融因素对贸易行为进而对实体经济影响的研究也逐渐增多。

一、融资约束

企业的生存与发展与其融资状况息息相关。因此，企业的融资问题一直是公司金融领域研究的热门问题，并且时至今日，越来越多的研究已不再仅局限于公司金融角度研究企业的融资问题。经典公司财务理论的代表 Modigliani 和 Miller（1958）认为，在无摩擦的完全有效资本市场情形下，市场失灵不存在，企业内源融资的成本等于其外源融资的成本，即企业的内外源融资可以相互替代，其用于投资的资金需求总可以由内源融资或外源融资满足。因而企业的投资行为不受自身财务状况的影响，而只取决于自身的投资需求（即 MM 理论）。然而，无摩擦的完全有效资本市场过于理想化，在现实中其实并不存在，不对称信息的问题、交易成本的问题以及代理成本的问题等资本市场失灵现象通常会使企业的外源融资成本高于内源。当企业内部筹集和积累的资金不足而外源融资成本又过高时，即面临融资约束问题。因而，企业的投资行为会内生于自身的融资能力和外部的融资成本（即修正的 MM 理论）。

在此基础上，国内外大量研究对上述问题进行了有力的探讨。最初明确提出融资约束相关理论的是 Stiglitz 和 Weiss（1981）通过建立 S-W 模型发现信贷市场上存在的信息不对称迫使银行采取信贷配给措施以逼退部分不符合条件的企业退出信贷市场，给部分企业带来融资难题，并且认为这种给部分企业带来融资难题的信贷配给现象会成为信贷市场上的长期均衡现象。Myers 和 Majluf（1984）则将交易成本考虑在内，认为企业外部的借款成本高于内部现金的使用成本，迫使一些企业放弃对部分正净现值（NPV>0）项目的投资。在此基础上，Fazzari 等（1988）首次提出了有关企业融资约束的定性描述，即由于资本市场的非完全有效，企业的内外融资成本存在差异，外部融资成本显著较高，使企业的投资水平难以达到最优，企业投资行为内生于自身融资能力。Bas 和 Berthou（2011）在 Myers 和 Majluf（1984）研究的基础上，将融资约束解释为企业面临的不能为收益大于机会成本的项目进行融资的困境。除资本市场的非完全有效外，企业自身存在的缺陷也被认为是导致其融资约束存在的原因之一。因而，Fauceglia（2014）认为融资约束是由于自身生产率不足导致的企业缺乏足够的内源资金来支付特定的固定成本。国内方面，也有不少学者在以上国外研究的基础上相继给出了类似的有关企业融资约束的定义，但综合来讲是指企业发展需获取资金时所面临的限制，且分为内源融资约束（现金流）和外源融资约束（债务类和权益类融资等）两类。

截至目前，学术界对企业融资约束的测度并没有一个统一的指标。Fazzari 等（1988）最早使用股利支付率对投资——现金流的敏感度来刻画美国企业面临的融资约束，发现低股利支付率企业的投资——现金流敏感度更强，即融资约束更严重。此后，围绕投资——现金流敏感度与企业融资约束关系的问题出现了大量的研究。而 Kaplan 和 Zingales（1997）、Cleary 等

（1999）均认为并不能用投资——现金流的敏感度来验证企业融资约束是否存在。Kadapakkam 等（1998）和 Pratap 等（2003）的研究甚至发现了相反的结果。Almeida 等（2004）则认为企业遭遇融资约束时，对现金等流动性的需求更高以方便未来投资，因而用现金——现金流的敏感度来刻画企业面临的融资约束，即企业对现金——现金流的敏感度越高，融资约束越严重。以上学者的研究是运用直接测量法来测度企业的融资约束，且偏重于对企业内源融资约束的刻画。也有学者用单因素代理指标法来测度企业的融资约束，且更偏重于对企业外源融资的刻画。如有学者采用长期负债率（Egger and Kesina，2013）、总资产负债率（Bush et al.，2008）、流动比率（Greenaway et al.，2007）、企业规模（Cohen and Klepper，1996）、利息支出（Li and Yu，2009）、短期贷款额和透支额与负债总额的比例（Rahaman，2011）、有形资产占比（Manova，2013）、无形资产占比（Hericour and Poncet，2015）、评级打分（Czarnitzki，2006；Berman and Hericourt，2009；Minetti and Zhu，2010）等作为外源融资约束的代理变量。也有学者用企业财务的健康状况来代表企业的内外源融资约束，如 Bas 和 Berthou（2010）以及 Fauceglia（2015）认为债务比率越高同时流动比率越低，则企业的融资约束就越严重。还有一类学者用多因素代理指标法来刻画企业的融资约束状况。如 Cleary（1999）用多元判别法构造的 ZFC 指数，Polk 和 Saa - Requejo（2001）结合 Kaplan 和 Zingales（1997）的方法构建的 KZ 指数等。Whited 和 Wu（2006）构造反映企业外源融资约束的 WW 指数来刻画企业的融资约束，认为企业外源融资约束的严重性与 WW 指数正相关。虽然衡量企业融资约束的方法较多，但却都无独有偶地面临着是否全面有效的问题。Hadlock 和 Pierce（2010）也认为 KZ 指数和 WW 指数的内生性问题较强，为此，他们构建了内生性问题较低的 SA 指数法（也称 HP 指数法），并认为其对企业融资约束的衡量更有效。鞠晓生（2013）也认为 KZ 指数存在较强的内生性问题，而 SA 指数的内生性问题则非常小。此外，Musso 和 Schiavo（2008）以及 Bellone 等（2010）则将单因素指标综合起来以衡量企业的融资约束状况，与以往的方法相比，这种对企业融资约束状况衡量的方法则更加全面。

而国内研究对企业融资约束的刻画除借鉴了以上国外学者的方法外，也有另辟蹊径的角度。例如，李增泉等（2008）定义了国有金融、民营企业、全部金融和金融市场化四个金融相关比率，并以此来代表不同地区企业的融资约束；许志伟等（2011）用企业对流动资金的依赖度来代表企业的融资约束；李科和徐龙炳（2011）引入短期债券的虚拟变量与信用评级变量的交互项来评价企业的融资约束境况；于洪霞等（2011）则使用应收、应付账款的差额与资产总额的比值来衡量企业的融资约束，并且认为该比值越高，企业的融资约束越严重；阳佳余（2012）和王碧珺等（2015）则在 Musso 和 Schiavo（2008）以及 Bellone 等（2010）的基础上，分别选取了企业融资约束的多个代理指标，并对各个指标赋值后加权平均，由此构建了一个综合指标来衡量企业的融资约束境况。

综合对比以上关于企业融资约束的衡量方法，SA 指数法的内生性更低，而 Musso 和 Schiavo（2008）、Bellone 等（2010）、阳佳余（2012）以及王碧珺等（2015）的综合指标法虽然更具有全面性但构造过程却存在指标间的相关性和共线性。本书正是在综合对比以往研究的基础上并根据数据的可得性，借鉴和改进阳佳余（2012）以及王碧珺等（2015）的方法，运用因子分析法构造综合指标来衡量企业的融资约束境况，为保证稳健性，并用 SA 指数法进行稳健性检验。

二、融资约束与贸易行为

如前所述，随着新新贸易理论的发展，学者们开始从宏观的国家层面和行业层面转移到了异质性企业层面来研究金融因素对贸易行为的影响，开辟了国际贸易领域研究的新分支。例如，Carluccio 和 Fally（2012）运用法国的跨国企业数据，研究发现良好的金融发展会给发达国家的企业带来生产复杂产品和特定投入产品的比较优势。Manova（2010）构建了不同金融市场水平下的异质性企业模型，研究发现不完善的金融市场不利于企业参与国际贸易等。2008 年国际金融危机后，越来越多的研究开始关注融资状况对全球贸易和外商直接投资的影响。而关于融资状况与贸易行为关系的研究主要集中在融资约束与企业出口贸易行为的关系方面。无论是企业出口贸易还是国内销售均依赖于固定资本和可变资本投入。固定资本如土地、设备、机器、厂房等关乎企业是否能选择进入海外市场。这部分资本难以从未来的销售收入获得，需要提前垫付。部分可变资本如市场调研、广告、研发、中间投入品采购、工资等则关乎企业在海外市场的规模，也需要提前垫付。这两部分需提前垫付的资金可来源于内部现金流或者外部融资，而当内部现金流无法满足时，只能靠外部融资获取。然而，由于沉没成本、关税、跨国运输和销售的时滞及各种风险和不确定性使出口贸易比国内销售面临更大的外部融资。正如 Melitz（2003）率先察觉到的，出口企业由于要承担开拓海外市场的成本，因而面临的资本投资更高，但其并没有将制约企业资本投资的融资约束对企业出口的影响考虑在内。Costinot（2009）的研究也认为，一些潜在的出口企业由于要承担更多的成本而对外部融资的需求更大。由于现实中完全有效的资本市场并不存在，金融摩擦时常发生，导致企业融资尤其是外部融资需支付一定的融资成本。融资成本往往与企业状况相关，造成不同企业的融资能力存在差异，融资能力强的企业融资约束小，融资能力差的企业融资约束大。

Chaney（2005）首先在 Melitz（2003）方法的基础上引入流动性约束条件，研究认为同生产率差异一样，融资约束差异也是企业异质性来源之一。

Beck 等（2005）和 Forbes（2007）也指出，企业的融资约束具有差异性，且与企业大小成反比。当企业融资约束高时，便更难支付拓展海外市场的成本，当企业融资约束低时，则更有能力进行海外市场的拓展。因此，融资约束成为制约企业能否进行海外市场拓展的又一重要因素，并逐渐成为异质性贸易研究的重要内容之一。国内也有不少学者研究发现随着金融市场化的推进，中国经济虽得到了显著发展，但绝大部分企业仍存在融资约束。截至目前，已有不少研究证实了融资约束的差异对企业出口行为的影响。

（一）融资约束会显著降低企业的出口概率、出口扩张和出口竞争力

在 2008 年国际金融危机爆发前，Chaney（2005）研究认为低融资约束的企业对出口沉没成本的支付能力更强，因而出口概率更高（"自我选择"效应），但其关注的重点仅是内部融资的流动性约束。与 Chaney（2005）不同，Manova（2008）更关注企业外部融资约束，认为不同行业的企业对外部融资的需求不同，当企业主要依赖于外部融资时，外部融资约束越低的企业越容易支付得起出口沉没成本，企业的出口参与率（出口概率）和出口量就越高。而 Muuls（2008）在 Melitz（2003）方法的基础同时引入内部融资约束和外部融资约束，研究发现融资约束会降低企业的出口概率，减少企业的出口总额、产品范围和出口目的地。而 Muuls（2008）、Manova 等（2013）、Berman 和 Hericourt（2010）以及 Amiti 和 Weinstein（2011）的研究也均证实了融资约束会影响企业的出口规模、目的地和产品种类等。此外，Manova 等（2013）还研究发现企业融资约束的缓解会使其出口水平达到最优，并能提高次优出口水平企业的收入。此后，在前人研究的基础上，Robert C 等（2011）基于中国工业企业调查数据，用财务信息和借贷成本等企业信息指标构建了衡量企业融资约束的综合指标，发现由银行借贷限额等带来的融资约束减少了中国企业的出口量。Chor 和 Manova（2012）分析认为融资约束

导致融资脆弱的行业在金融危机期间对美国出口贸易大幅缩减。Monova（2013）发现融资约束会限制企业对国内生产和出口市场的选择以及出口水平的扩张。而国内也有大量学者采用中国工业企业数据和海关贸易数据得出了与上述国外研究相似的结论。而孙灵燕和李荣林（2011）还研究发现企业融资约束的缓解虽然会显著促进其出口，但对出口商地位的影响却并不明显。此外，也有国内研究发现企业的融资约束会降低其出口竞争力。黎日荣（2016）研究认为由流动性约束和营利性约束两个方面导致的融资约束显著降低了出口企业的竞争力。

（二）融资约束对企业出口贸易方式和全球价值链地位的提升具有消极作用

由于融资约束压力的存在，企业会被迫从利润率较高的一般贸易出口方式转向利润率较低的加工贸易出口方式。Manova 和 Yu（2016）研究发现融资能力较差的出口企业更倾向于采用加工贸易方式出口，而融资能力最差的出口企业只能被迫选择低利润率和低融资要求的来料加工贸易方式出口，且融资能力较强地以一般贸易企业方式出口的企业更有能力实现营利性出口。还有一些学者研究了融资约束对企业全球价值链地位提升的消极影响。Manova 和 Yu（2012）研究认为高融资约束会把企业限制在赚取简单加工组装利润的全球价值链体系的低端。吕越等（2016）采用中国连续出口企业数据研究发现企业的融资约束会影响其在全球价值链中的地位提升和嵌入，且首次出口企业的融资约束对其全球价值链地位提升的抑制作用显著，而连续出口企业的融资约束对其全球价值链地位的提升并没有显著的抑制作用，高效率企业的融资约束会阻碍其在全球价值链中的嵌入。马述忠等（2017）对来料加工和进料加工两种不同类别加工贸易方式出口企业纳入理论研究模型，对其融资约束与全球价值链地位之间的关系进行对比研究，结果发现高价值链环节中的进料加工贸易企业更易遭受融资约束，而融资约束较小的进料加工贸易企业更容易向高价值链环节攀升。

（三）融资约束会影响企业的增加值贸易

吕越等（2017）基于全球价值链视角，研究了企业的融资约束对其增加值贸易集约边际和扩展边际的异质性作用和影响机制。结果发现企业的融资约束会显著提高其增加值贸易的临界生产率，进而显著抑制其增加值贸易的扩展边际。此外，由于国内中间投入品对进口中间投入品具有替代效应，企业融资约束的存在会促进其增加值贸易的集约边际。并且，企业的融资约束对其增加值贸易扩展边际和集约边际的异质性影响在对外部融资高依赖度行业中的作用更显著。成亭锋（2018）研究发现中国制造业企业的内源融资约束对其出口国内增加值具有显著的提升作用，而外源融资约束对其出口国内增加值并没有显著的影响。

（四）融资约束对国际贸易的影响高于对国内销售的影响

国际贸易对融资约束的敏感度比国内销售对融资约束的敏感度更高。Ahn（2011）和 Feenstra 等（2011）认为在不完全的金融市场中，相比于国内销售，贸易对金融摩擦的敏感度更高。Feenstra 等（2011）通过对中国的出口企业和内销企业对比研究，发现中国出口企业的融资约束更严重。Haddad 等（2010）研究认为出口企业的流动性约束导致了供给降低，在一定程度上解释了市场需求萎缩时进口品价格反而上升的现象。以上研究也恰好解释了 2008 年国际金融危机后，全球贸易的缩减度远超全球 GDP 缩减度的原因。

反之，出口贸易行为对企业融资约束也有一定的影响。Campa 和 Shaver（2001）研究认为企业出口与其流动性约束之间存在单向的因果关系，且出口企业的现金流比非出口企业的现金流更为稳定，即出口企业的融资约束小于非出口企业的融资约束。Greenaway 等（2007）研究发现出口企业的金融状况优于非出口企业，且出口会改善企业的金融状况，但出口企业的金融状况并不一定会持续优于内销企业的金融状况。周世民（2013）采用中国民营企业数据研究发现企业出口对小型民营企业的融资约束影响并不明显，但却会缓解大中型民营企业的融资约束。金祥荣和胡赛（2017）认为企业出口贸易额的增加能在一定程度上缓解自身的融资约束状况。曹献飞（2015）采用中国工业企业数据研究发现企业出口与其融资约束之间的双向因果关系显著，企业融资约束的缓解会促进企业出口扩张，企业出口扩张也会反过来缓解其融资约束。然而也有研究发现企业出口并不会改善其融资约束状况。Bellone 等（2010）采用法国制造业企业数据检验了贸易行为与融资约束的关系，研究发现由于出口企业的金融状况具有"事前"的特征，在非完全有效的金融市场下，企业出口并不会改善其金融状况。韩剑和王静（2012）的研究也认为企业出口并不能缓解其融资约束状况。

以上研究大量讨论了融资约束与企业出口贸易行为的关系，而关于融资约束与企业进口贸易行为关系的研究则并不多。事实上，进口贸易也会产生一大笔固定成本，如信息调研和收集成本，与供应商的联系和沟通成本，对进口品的学习使用成本等。Maria 和 Antoine（2010）以及 Dario（2015）认为企业的资本品和中间投入品进口与出口一样也需要大量固定成本，因而企业融资约束的缓解有利于促进其进口。Peter（2012）采用东欧企业数据研究发现由信贷限制带来的融资约束会降低企业对中间投入品的进口概率。Gandhi 和 Amit（2015）采用印度企业数据研究发现企业融资约束的缓解能够扩大企业进口产品种类，进而提升企业生产率。他们还同时发现，进口品关税的降低有利于缓解企业的融资约束，进口关税水平的降低会使进口品种类扩大 31 个百分点，进而使进口品价格指数平均每年降低 4.7 个百分点。Marta

和 Diego（2016）运用实际经济周期模型研究发现企业的外部融资约束会降低企业购买力，进而会冲击企业进口，最终导致企业贸易产出比例降低。魏浩等（2019）采用四元边际分析模型研究发现融资约束较严重的企业更难克服进口扩展边际引致的固定成本，且该类企业的融资约束会显著抑制其进口决策、进口规模、进口产品范围以及进口产品来源国，而金融危机的冲击使企业的融资约束对其进口行为的抑制作用更明显。反之，关于进口贸易对企业融资行为的影响较少，Blaum（2016）研究发现企业通过进口成本更低的中间投入品来降低其生产成本，进而间接降低其融资约束水平。

三、融资约束对贸易利得的影响

截至目前，融资约束与贸易利得尤其是与直接贸易利得之间关系的研究则较少。已有不少研究表明，融资约束会对企业多方面的经济活动产生深刻的影响，如投资和技术创新等。刘慧（2014）研究发现融资约束不利于企业的投资和技术创新，并由此产生两个方面的后果。一方面，由于企业规模经济与企业投资正相关，因而企业投资不足会限制企业规模经济的扩张，最终导致企业出口利润率难以提升。另一方面，由于企业生产率与企业技术创新正相关，因而企业技术创新不足会制约企业生产率的提升，最终导致企业出口盈利能力难以提升。与刘慧（2014）的研究结果类似，王新（2018）采用中国 300 家制造业沪深上市公司数据研究认为融资约束会降低企业投资，制约企业规模经济的扩张和企业发展，进而阻碍企业出口利润率的提升，并且融资约束还会降低企业的技术创新活动，不利于企业生产成本的降低，进而制约企业出口盈利能力的提升。根据前文对融资约束与贸易行为之间关系的梳理，融资约束会降低企业的进口意愿和进口量，因而对于出口企业来说，其买进高价优质中间投入品的意愿也会不足（Peter，2012；魏浩等，

2019），从而不利于企业出口产品质量的升级，最终也会制约企业出口盈利能力的提升。曹献飞（2015）采用中国工业企业数据研究发现企业融资约束的缓解会提升企业的出口获利水平。随着新新贸易理论异质性企业研究的进展，企业成本加成被认为能在一定程度上衡量企业的贸易利得（Edmond et al.，2015）。有学者研究认为融资约束通过降低企业边际成本、遏制企业创新产出提升等因素显著抑制了企业成本加成的提升（李宏亮和谢建国，2018；李思慧和徐保昌，2018）。

梳理以上有关研究，不难发现，现有研究鲜有直接涉及融资约束对直接贸易利得的影响。且上述刘慧（2014）、曹献飞（2015）、王新（2018）、李宏亮和谢建国（2018）等学者的研究客观上是用企业出口利润率、企业出口盈利能力和出口获利水平以及企业成本加成率来衡量企业的贸易利得，而非现在广泛采用的增加值贸易核算法。也有学者研究过融资约束对增加值贸易的影响，如吕越等（2017）的研究，但其只是侧重于融资约束对中国企业增加值贸易的集约边际和扩展边际的异质性分析。事实上，融资约束的存在往往会抑制企业技术创新和成本加成率的提升（张盼盼和陈建国，2019），进而可能会抑制企业层面出口国内增加值率即贸易利得的提升。本书在现有研究的基础上，验证融资约束对中国制造业贸易利得提升的抑制效应，同时考察不同维度下的金融市场化在该抑制效应中的作用。

第四节　金融市场化与融资约束

金融市场对企业融资约束乃至企业发展具有重要影响。早期的学者认为，不健全的金融市场导致企业外源融资成本过高，进而产生了企业的融资约束，而金融市场化则可通过提高市场活力和增强市场竞争力来减弱金融市场的非完全有效性，进而降低外源融资与内源融资的成本差，缓解企业融资约束。这里将从以下两个方面对金融市场化与企业融资约束的相关研究展开阐述。

一、金融市场化

有关金融市场化的研究始于 20 世纪 70 年代西方的发展经济学，金融市场化也被其称为金融自由化。在西方发展经济学中，美国经济学家爱德华·肖（Edward Shaw）在其 1973 年出版的《经济发展中的金融深化》一书中指出由于对传统高利贷的憎恶、对名义货币增长率和物价变动率的难以有效控制以及对金融作用的误解等因素导致发展中国家出现金融市场不统一、金融管制、信息沟通不畅和生产要素不可分割等金融"干预综合征"（也被称为金融抑制现象），进而阻碍和破坏了发展中国家的经济发展。而推行放弃利率限制、促进资本市场一体化、打破银行业经营垄断等金融自由化政策对于实现金融深化，降低发展中国家的金融抑制，促进经济发展十分有必要。同年，美国经济学家麦金农（Mckinnonn）在其出版的《经济发展中的货币与资本》一书中也认为在发展中国家资本并不稀缺，然而扭曲的金融市场导致其资本利用率低下，进而引发了发展中国家的贫困问题。而政府人为压低利率以及利用裙带关系放款的错误政策即金融抑制是导致金融市场扭曲的重要原因。为此，政府有必要放开金融管制，深化金融发展。至此，Shaw 和 Mckinnonn 通过金融抑制理论和金融深化理论率先开启了金融自由化问题的研究并确立了其理论支撑。

而金融市场化与金融自由化的本质事实上是一致的，可以被定义为一国政府对金融资源分配和金融部门运行的管制转为放松，并交由市场力量决定的过程（周业安和赵坚毅，2005），即金融抑制逐渐转变为金融深化的一种多层次的动态过程。金融市场化的核心是通过金融政策改革金融制度和体制，降低政府对于金融的过度干预，放松对金融市场的管制，确立市场导向在金融资源配置中的基础作用，最终实现促进经济增长的目的。国内也有学者从制度经济学的视角来定义金融市场化，认为其是一场由政府主导和推动的金融制度变迁，既包括推动金融市场化的措施和政策，也包括与之相关的金融结构和体制等市场化的过程（陈邦强等，2007）。金融市场化的内容和手段十分丰富，主要体现在推动金融市场化的相关政策上，包括放松存贷款利率管制以及汇率管制（使市场利率和市场汇率能够有效地反映国内资金和外汇的供求状况）、放开金融服务业、降低金融机构进入退出门槛、给予金融机构更多自主决定权、放宽国际资本流动等。

自 20 世纪 70 年代有关金融市场化的研究开启以来，国内外学者为了准确认识、把握和解决金融市场化的相关问题，提出了一些对金融市场化的测度方法。关于金融市场化的测度方法较多，主要有以下五类：

（一）主成分分析法

Bandiera（2000）认为金融市场化是一个多样化的、综合的过程，包括的内容太多，除了包括放松金融管制等，还包括推进全球化和私有化等不同的改革措施。为简化处理，Bandiera（2000）采用主成分分析法，对准入门槛、利率和汇率管制、审慎监管、银行所有制等原始指标赋予不同的权重并加权，通过线性变换选取具有最大特征值的主因子作为全面综合度量金融市场化的指数，且该指数越高，说明金融市场化程度越高；反之则认为金融市场化程度越低。国内也有学者参考了国外学者的这一方法。周业安和赵坚毅（2005）借鉴 Bandiera（2000）的做法，在樊纲和王小鲁（2001）所选指标的基础上进一步精炼了金融市场化总指数，采用利率和汇率指标、资本流动指标、金融机构准入指标和社会融资指标等9个方面，运用主成分分析法构造了中国金融市场化指数。后来国内外还有一些学者选取了代表金融市场化不同方面的指标，运用此方法来构造度量金融市场化的指数，整体做法类似，只是指标选取不同，本书在此不做赘述。

（二）虚拟变量法

用虚拟变量法测度金融市场化分为简单虚拟变量法和分类虚拟变量法两种。简单虚拟变量法是选取几个不同的金融领域，然后对这几个不同的金融领域是否都完全放开的时间点设置0-1虚拟变量，在所选的几个金融领域都完全放开前对虚拟变量赋值0，在所选的几个金融领域都完全放开后对虚拟变量赋值1。使用该方法的如 Koo 和 Maeng（2005）等。此外，也有学者将所选的几个金融领域是否都完全放开的时间点设置为更细的0、1、2虚拟变量，与上述0、1虚拟变量的设置方法类似，本书在此不做赘述。分类变量法是指选取代表金融市场化的几个方面，然后根据每个方面是否完全放开分别设置0-1虚拟变量，之后再进行加总或加总平均，以此来综合衡量金融市场化程度。Laeven（2000）为13个发展中国家和地区分别选取了代表金融市场化的6个不同方面：利率市场化、银行私营化、信贷管制、外汇储备、审慎监管、准入壁垒，之后对这6个方面分别设置0-1虚拟变量再进行加总，最终得到了各个国家的度量金融市场化的虚拟变量，且其认为这13个国家和地区的金融市场化度量值具有可比性。在国内方面，刘毅和申洪沨（2002）选取了代表金融市场化的外汇储备、利率、金融机构准入、银行信贷自主权和社会融资等9个方面，之后对这9个方面分别设置0-1虚拟变量再进行加总，最终得到了度量中国金融市场化的虚拟变量。后来还有一些学者选取了代表金融市场化的更多不同方面的指标设置0-1虚拟变量后进行加总或加总平均，整体做法类似，只是指标选取不同，本书在此不做赘述。

（三）指标赋值法（熵值法）

Abiad 和 Mody（2003）选取信贷控制以及金融交易和准入限制等几个方面的指标，将其分为 4 个管制等级分别赋值 0-3，之后对各个等级的赋值进行加总得到了度量金融市场化进程的综合指标。国内方面，黄金老（2001）选取了代表金融市场化的利率指标、金融机构准入指标、银行信贷自主权指标和社会融资指标等 8 个方面，分别对其进行 5 个等级的划分、赋值和加权平均，得到了度量我国金融市场化程度的指标。后来还有一些学者对代表金融市场化的不同方面进行了详细的多个等级或多个维度划分后赋值再进行加总或加总平均，整体做法类似，只是指标选取不同，本书在此不做赘述。

（四）分地区指数法

樊纲等（2010）在其《中国各地区市场化进程相对指数报告》中利用计量经济学中的数量法对地区经济体制测度，分地区设立能够真实地反映市场化改革广度和深度的相对指数，其中包括金融市场化这一项。由于采用的指标是客观指标。此后，还有中国学者在樊纲等方法的基础上使用不同的市场化进程指标编制了类似的相对指数，整体做法类似，只是指标选取不同，本书在此不做赘述。

（五）多维定量法

战明华和李欢（2018）使用多维分类定量法来衡量中国的金融市场化程度。二者认为中国的金融市场化以利率市场化为主，同时伴随着影子银行规模的迅速扩张。因此，利率市场化和影子银行规模扩张是中国金融市场化的主要表现。战明华和李欢（2018）从利率市场化和影子银行规模两个维度，

分别使用辅助回归方程和穆迪的核心影子银行定义定量测度了中国 2002~
2015 年的利率市场化水平和影子银行规模，以此来分类衡量中国的金融市场
化程度。

　　从上述关于国外金融市场化测度的几类主要方法可以看出，金融市场化
的测度方法并不统一，且各有利弊。Koo 和 Maeng（2005）、Laeven（2000）
以及刘毅和申洪沔（2002）虚拟变量法及其后来 Abiad 和 Mody（2003）、黄
金老（2001）的指标赋值法无需复杂的主成分分析，是对 Bandiera（2000）、
周业安和赵坚毅（2005）方法的简化，但通过赋值的方法难免过于主观化，
并不一定能符合实际情况。例如，如果一国采取的是区间浮动利率，那么
0-1 虚拟变量就失去了效用。Bandiera（2000）的主成分分析法则由于减少
了金融市场化各方面的相关性和共线性而更精确。分地区指数法不仅可以较
好地反映出地区间金融市场化进程的差异，有利于地区间的对比分析，还有
利于避免主观评价。主成分分析法和地区指数法虽然全面，但也缺乏具体
性。而国内的学者则大多参照国外学者的方法，并没有考虑其是否真实符合
中国金融市场化进程的特殊性。只有战明华和李欢（2018）的多维定量法综
合考虑了中国金融市场化进程的特殊性。多维定量法虽然没有为金融市场化
程度的度量提供一个统一的指标，却可以从不同维度更详细地反映出中国金
融市场化进程的多面性效果。本书在综合对比以往测量方法的基础上，最终
选择借鉴并改进战明华和李欢（2018）的方法，从利率市场化和影子银行规
模扩张两个维度定量衡量中国的金融市场化程度。

二、金融市场化对融资约束的影响

　　健全的金融体制对企业获得融资尤其是外部融资具有重要的意义。金融
市场的不完全有效会使企业遭受融资约束问题，而金融市场化的推进可能会

优化融资体系，影响企业的外部融资环境，进而影响企业的融资约束。一个完善的金融市场会为企业提供一个良好的外部融资环境，进而有利于降低企业的外部融资约束。依据"金融抑制理论"，金融市场中的存贷利率管制和金融创新管制等金融抑制现象使市场资金难以有效配置，导致企业易遭受资金"饥渴"和融资约束，甚至产生融资行为扭曲等问题。鉴于此，许多国家尤其是发展中国家从 20 世纪七八十年代前后开始了不同方式的金融市场化改革，以推进金融市场化发展和提高金融体系效率，并成为一国金融改革的主要方向。与此同时，自 20 世纪 70 年代以来，学者们开始关注金融市场化的推进对企业融资约束状况的影响，有关研究不断增多。

已有不少研究表明，金融市场化的推进可缓解金融抑制，促进金融发展，减轻金融市场中的逆向选择、道德风险和不对称信息等问题，进而提高金融资源配置效率，缓解企业的融资约束（Love，2003）。Manova（2008）研究认为金融市场不完全有效的条件下，股权的市场化改革可缓解企业的融资约束，降低企业的贸易成本，尤其是在对外部融资高度依赖的行业。Maria 和 Antoine（2011）采用印度银行业和企业相关数据研究认为企业的可抵押资产代表其外源融资能力，放松对银行业的管制会促进企业抵押贷款的实现，即金融市场化的推进会缓解企业的融资约束。其中，放松对外资银行的管制可缓解外资企业的融资约束；放松对私营银行的管制可缓解本土企业和跨国企业的融资约束。国内方面，郭桂花等（2014）和罗正英等（2015）也均研究发现金融市场化的推进有利于缓解企业的融资约束。张鹏和施美程（2016）研究认为金融市场化的推进不仅使企业更容易从银行获得信贷，进而会降低企业对现金流的敏感度，还会促进企业之间商业信用融资的发展，最终有利于改善企业的融资约束状况。此外，陈邦强等（2007）研究认为金融市场化的推进推动了更依赖于外部融资产业中新企业的融资和产出增长。张雪芳和戴伟（2017）运用欧拉方程投资模型研究发现金融市场化的推进对企业融资约束的缓解效果受地区金融市场化水平的制约，地区金融市场化水平越高，缓解效果就越明显，并且金融市场化的推进对企业融资约束的缓解作用会随着金融市场化程度的加深而减弱。还有一些学者从企业规模的视角，对金融市场化的推进对企业融资约束的缓解效果进行了对比研究，结果发现对于中小企业来说，金融市场化的推进对企业融资约束的缓解效果更显著（Koo and Maeng，2005）。

虽然上述大量研究证实了金融市场化的推进会缓解企业的融资约束，但也有一些学者从不同视角出发得出了相反的结论。Stiglitz 等（1981）引用金融约束论的观点认为由于经济中不对称信息问题和代理问题难以根本消除，通过合理的准入、限制和监管等金融约束能够比金融市场化更有效率和更有效果地实现金融资源的有效配置，并有利于金融稳定和经济稳步增长。Wijinbergen 等（1983）结合新结构主义论指出，发展中国家正轨借贷市场的效率低于非正轨借贷市场的效率，金融市场化使发展中国家的非正轨借贷市场趋于正轨，会降低其资金配置效率。Cetorelli 和 Peretto（2012）实证研究发现金融机构的垄断地位使其更有能力识别低风险高回报的企业，即垄断型金融结构的效率可能会高于高度市场化下竞争型金融结构的效率。在国内方面，孙晓华等（2015）采用大中型工业企业数据进行实证研究，结果发现金融市场化中的资本市场化并没有对缓解企业的融资约束起到显著的作用。张芦哲等（2012）研究发现金融市场化的发展对民营企业的融资难题并没有明显的改善作用。而张雪芳和戴伟（2017）研究发现金融市场化的推进虽然会缓解民营企业的融资约束但却会加重国有企业的融资约束。此外，梁涛（2015）研究认为，在金融市场化进程中，由于政府对信贷规模和规划的管控，存贷利率限制的放松可能会加剧企业的融资约束。

从上述研究可以看出，金融市场化对企业融资约束的影响效应并没有一个统一的定论，研究视角、研究数据或研究主体不同，得出的结论可能也会相异。本书也认为，关于金融市场化对企业融资约束的影响效应不应该一刀切，金融市场化的不同方面对企业融资约束的影响效应可能不同。本书正是结合了中国金融市场化的特点，对金融市场化的不同维度进行定量来多面考察金融市场化对企业融资约束进而对中国制造业贸易利得的影响。

第二章　融资约束与中国制造业贸易利得

本章旨在深入剖析融资约束与中国制造业贸易利得之间的内在联系。首先，在理论层面，本章以贸易垂直专业化分工思想为基石，借鉴国内外前沿研究成果，创新性地从企业层面测度中国制造业的真实贸易利得，并推导出融资约束影响制造业贸易利得提升的理论模型。从技术创新和成本加成率两个关键维度，深入剖析融资约束对中国制造业贸易利得的影响机制，为后续实证研究提供有力的理论支撑。其次，在实证研究层面，本章运用中国国家统计局公布的中国工业企业数据库和中国海关总署公布的中国海关贸易数据库，经过细致的数据清洗、匹配与处理，获取了丰富且高质量的微观企业数据。通过构建固定效应模型，全面控制企业、行业、省份和年份等多维度固定效应，有效检验融资约束对中国制造业贸易利得的影响。最后，为确保研究结果的稳健性和可靠性，从改变贸易利得和融资约束的衡量方法、替换控制变量以及处理内生性问题等多个角度进行稳健性分析，使研究结论更具说服力。此外，本章还将深入探究融资约束对中国制造业贸易利得的动态影响，通过引入融资约束的滞后一期变量，揭示融资约束在不同时期对贸易利得影响的持续性。本章研究不仅丰富了国际贸易理论在微观企业层面的应用，更为中国制造业应对融资约束、提升贸易利得提供了极具针对性的实证基础。

第一节　引言

基于贸易总值核算法的中国巨额贸易顺差及由此带来的大量外汇储备一直被世界多国广泛关注，甚至多次激化国际经济贸易矛盾，引发贸易摩擦和贸易争端。以中美贸易为例，美国是中国贸易顺差的最大来源国，中美之间长期的巨额贸易顺差在拉动中国就业和促进中国经济增长方面发挥了重要作用，但也不可避免地带来了中美贸易摩擦。为减少对中国的贸易逆差，美国除了多次对中国进口产品采取"双反"措施，还不断对中国进口产品加征关税。并且，美国政商两界部分人士认为人民币被低估是造成中美巨额贸易逆差的重要原因，甚至不顾客观事实主观认定中国为汇率操纵国，多次要求人民币主动升值。但事实上，如第一章所述，中美贸易顺差存在被高估的问题，并不能代表中美两国贸易往来中的真实贸易利益。在全球价值链上，不同国家或地区企业所处的环节和因此承担的生产任务不同，承担加工组装生产任务的企业在加工组装之前需从国外进口机器设备和原材料。根据传统的贸易总值核算法，从其他国家（如日本、韩国和东南亚国家等）进口的机器设备和原材料经中国企业加工组装后再出口至美国时的产品产值均会被算为中国对美国的出口值，这不仅放大了中国对美国的出口值，也低估了其他国家对美国的出口值。类似的双边进口也会存在这样的问题。因此，基于传统贸易总值核算法的贸易利得计算和相关研究结果难以令人信服。为此，OECD 和 WTO 从 2013 年开始合作推出增加值贸易核算法来计算一国出口产品和服务的增加值即真实贸易利得，以明确不同国家的贸易利益和不同国家之间的贸易关系。

使用 OECD 发布的《贸易增加值数据库（2023）》，对中国国际贸易的真实贸易利得进行分析，可以得出以下结论，中国出口产品和服务中的平均国外增加值在 30% 左右，与 G20 国家的平均值相比较高。这表明中国许多的高附加值中间投入品并非产在国内，而是依赖进口①。近些年，随着中国人口增长率的逐渐降低，体力劳动者不足的现象日益凸显，再加上经济发展水平的推动，体力劳动者的工资也在逐年上涨，使中国劳动密集型产业的国际

---

① 各行业中零部件等中间投入品国外增加值占比较高的行业有电子制造业、机械制造业、化学原料及化学制品制造业、金属制品业等。

竞争力日益下降。为此，中国开始加大推动产业升级。在此背景下，中国不少企业也正把生产资源转向附加值较高的产品。以中国的电子制造和信息通信业为例，根据《贸易增加值数据库（2023）》所描述的，中国电子制造和信息通信业的国外附加值在 2015 年已降至 30%，该行业以往只能依赖进口的部分零部件逐渐由国内生产替代，产业升级正在进行中。产业升级的推动可能使中国的真实贸易利得在近几年逐渐上升，但研究以往中国真实贸易利得尤其是制造业的真实贸易利得较低的原因对未来进一步推动制造业产业升级，提升中国制造业的真实贸易利得进而提升中国的外贸获利水平仍然具有很好的借鉴意义。

现有的关于增加值贸易核算法的研究能够较好地从宏观的行业和国家层面衡量一产业或一国的真实贸易利得，这里本书用现实中一个简单的例子来说明。例如，美国进口并消费了一台价值 1000 美元的笔记本电脑，生产该笔记本电脑所需的生产经营活动包括：①品牌价值，占整台笔记本电脑附加值的 60%；②电脑零部件，占整台笔记本电脑附加值的 35%；③加工组装，占整台笔记本电脑附加值的 5%。如果不存在全球价值链分工，以上三种生产经营过程将都在美国进行，中国在该笔记本电脑生产过程中所创造的增加值和出口值均为零，如果存在全球价值链分工，且中国需承担加工组装环节的生产过程，加工组装之前中国需进口电脑零部件，然后完成组装并出口至美国。在此过程中，虽然中国出口了 400 美元，但中国总出口中只有 5% 的加工组装费，即 50 美元是中国企业创造的增加值。可以看出，如果用贸易总值来核算一国的贸易利得，中国在上述生产过程中的虚假贸易利得为 400 美元，这则存在严重重复计算的"统计假象"问题，而使用贸易增加值核算，中国在上述生产过程中的真实贸易利得为 50 美元，这就避免了上述严重重复计算的问题。自增加值贸易核算法开创以来，国内外学者围绕增加值贸易核算法展开了大量的研究（Koopman et al.，2010、2012、2014；

黄先海和杨高举，2010；贾怀勤，2012；Johnson and Noguera，2012；陈雯和李强，2014；潘文卿，2015；Kee and Tang，2016；吕越和尉亚宁，2020；王孝松等，2023）。

随着国际贸易理论逐渐向新新贸易理论的异质性企业研究演变，如何从企业层面出发研究真实贸易利得问题对于如何切实地提升一国的真实贸易利得已变得十分重要。制造业是我国国民经济的支柱产业，其贸易利得不仅直接关乎我国产业竞争力的高低，更深刻影响着国家经济的整体发展态势。而目前从企业层面出发研究中国制造业真实贸易利得问题的实证研究仍较少。鉴于融资约束对贸易利得的可能影响以及我国对金融服务实体经济发展要求和建设金融强国要求不断提高的事实，本章在贸易垂直专业化分工思想的基础上，试图从企业层面测度中国制造业的真实贸易利得，并初步探索融资约束对中国制造业真实贸易利得的影响，以丰富微观企业层面的国际贸易理论，并为中国制造业应对融资约束、提升贸易利得提供具有针对性的实证支持。

第二节　理论框架

本书对制造业贸易利得的衡量方法是计算企业层面的出口国内增加值率。较早对企业出口国内增加值进行系统测度的是以 Upward 等（2013）为代表的学者们。本书在 Upward 等（2013）贸易垂直专业化分工思想的基础上，借鉴 Kee 和 Tang（2016）的处理方法，从理论上推导出了融资约束影响制造业贸易利得提升的模型基础。在 Upward 等（2013）依据垂直专业化分工思想的研究中，存在一个关键性的假定——假设企业以所有贸易方式进口

的产品均会被用作中间投入，在这一假设条件下，对于企业加工贸易进口
（包含进料加工贸易进口和来料加工贸易进口）来说，全部进口均作为中间
投入用于出口产品的生产，对于企业一般贸易进口来说，全部进口均作为中
间投入等比例地用于国内销售产品和一般贸易出口产品的生产，据此提出了
测度企业出口值中包含的国外增加值的公式：

$$V_F = im^p + ex^o \left[\frac{im^o}{Y - ex^p} \right] \tag{2.1}$$

在此基础上，本书借鉴 Kee 和 Tang（2016）的处理方法，得到了如下企
业贸易利得的推导公式：

$$TG = \frac{V_D}{ex} = \frac{ex - V_F}{ex} = \frac{ex - (ex/Y) \, im}{ex} = 1 - \frac{P_F M_F}{Y} \tag{2.2}$$

其中，V_F 和 V_D 分别表示企业出口中的国外增加值和国内增加值；ex^p
和 ex^o 分别表示企业加工贸易出口和一般贸易出口，ex 表示企业总出口；im^p
和 im^o 分别表示企业加工贸易进口和一般贸易进口，im 表示企业总进口；Y
表示企业总产值；M_F 表示企业进口的中间投入品，P_F 表示进口中间投入品
的价格。本书参考 Kee 和 Tang（2016）的方法，将企业 f 的生产函数设定为
如下形式的 C-D 生产函数：

$$Q = \omega K^\alpha L^\beta M^\gamma \quad (\alpha + \beta + \gamma = 1) \tag{2.3}$$

其中，Q 表示企业产量，ω 表示企业全要素生产率，K 和 L 分别表示企
业的资本投入与劳动投入，M 表示企业的中间投入品投入，表示为：

$$M = \left(M_F^{\frac{\sigma}{\sigma+1}} + M_D^{\frac{\sigma}{\sigma+1}} \right)^{\frac{\sigma+1}{\sigma}} \tag{2.4}$$

M 包括进口中间投入品 M_F 和国内中间投入品 M_D 两部分，它们的价格
分别为 P_F 和 P_D，σ 表示进口中间投入品和国内中间投入品的替代弹性，且
$\sigma>0$。根据式（2.4），可将企业 f 所投中间投入品的价格指数表示为 P_F 和
P_D 的常替代弹性（CES）函数。

$$P_M = \left(P_F^{-\sigma} + P_D^{-\sigma} \right)^{-\frac{1}{\sigma}} \qquad (2.5)$$

根据企业利润最大化的生产原则，可由上式得到以下关系式：

$$\frac{P_M M}{C} = \gamma \qquad (2.6)$$

其中，$Mkp = \dfrac{P}{c}$（$c = C/Q$，C 为企业总成本）表示企业的成本加成率，再通过求解如下成本最小化问题：

$$\min P_F M_F + P_D M_D \qquad (2.7)$$

$$s.t\ M = \left(M_F^{\frac{\sigma}{\sigma+1}} + M_D^{\frac{\sigma}{\sigma+1}} \right)^{\frac{\sigma+1}{\sigma}} \qquad (2.8)$$

可以得到进口中间投入成本占原材料总成本的比重为：

$$\frac{P_F M_F}{P_M M} = \frac{1}{1 + (P_F/P_D)^{\sigma}} \qquad (2.9)$$

将上述式（2.6）和式（2.9）分别代入企业贸易利得的定义式（2.2）中，即 $TG = 1 - \dfrac{P_F M_F}{Y} = 1 - \dfrac{P_F M_F}{PQ}$，经过整理可得到如下计算企业贸易利得的理论表达式：

$$TG = 1 - \frac{\gamma}{1 + (P_F/P_D)^{\sigma}} \frac{1}{Mkp} \qquad (2.10)$$

其中，γ 表示企业所投中间投入品的生产弹性；P_F/P_D 表示企业所投的进口中间投入品和国内中间投入品的相对价格。对式（2.10）的 P_F/P_D 和 Mkp 分别求一阶偏导可得：

$$\frac{\partial TG}{\partial (P_F/P_D)} = \frac{\gamma \sigma (P_F/P_D)^{\sigma-1}}{[1 + (P_F/P_D)^{\sigma}]^2} \frac{1}{Mkp} > 0 \qquad (2.11)$$

$$\frac{\partial TG}{\partial Mkp} = \frac{\gamma}{1 + (P_F/P_D)^{\sigma}} \frac{1}{(Mkp)^2} > 0 \qquad (2.12)$$

由式（2.11）和式（2.12）可以看出，企业贸易利得与其所使用的国内外两种中间投入品的相对平均价格 P_F/P_D 和成本加成率 Mkp 均正向相关。从国内外两种中间投入品的相对平均价格 P_F/P_D 来看，企业的技术创新会增加国内市场上中间投入品的供给种类和供给总量，并通过市场竞争效应促使国内市场上中间投入品的相对价格下降，降低企业中间投入的成本，进而有利于提升企业贸易利得。从成本加成率 Mkp 来看，企业成本加成率的提高会扩大企业总产出和总投入的比重，从而提升企业的利润率（李胜旗和毛其淋，2017；卜文超和蒋殿春，2024），进而有利于提高企业贸易利得。而企业的技术创新和成本加成率均受企业融资约束的显著制约。因此，本书从技术创新和成本加成率两个方面来分析融资约束对中国制造业贸易利得的影响机制。

技术创新对于企业的发展具有核心推动作用，而融资约束则会显著抑制企业的技术创新（张杰等，2012；鞠晓生等，2013；诸竹君等，2024）。融资约束程度较高的企业的资金来源数量较少且对内源融资渠道的单一依赖度较高，使企业用于研究和试验发展（R&D）投入的资金不足，这不仅会限制企业技术创新活动范围的开展，也会制约企业技术创新活动的可持续性。尤其是在产品市场竞争较为激烈时，融资约束对企业技术创新的降低作用更加明显（周开国等，2017）。因此，企业面临的融资约束越严重，其技术创新就越低，即 $\frac{\partial \text{In}}{\partial \text{FC}}<0$（In 表示企业的技术创新活动，FC 表示企业所面临的融资约束程度）。企业技术创新的降低会进一步减少国内市场上中间投入品种类和总量的供给，从而促使国内中间投入品价格提高，国外中间投入品相对价格降低，即 $\frac{\partial (P_F/P_D)}{\partial \text{In}}>0$。结合前文 $\frac{\partial \text{TG}}{\partial (P_F/P_D)}>0$，可得到 $\frac{\partial \text{TG}}{\partial \text{FC}}=\frac{\partial \text{TG}}{\partial (P_F/P_D)}\times\frac{\partial (P_F/P_D)}{\partial \text{In}}\times\frac{\partial \text{In}}{\partial \text{FC}}<0$，即融资约束可能会通过技术创新机制降低中国制造业贸易利得。

成本加成率表现为产品价格对产品边际成本的偏离程度，任何影响产品最终价格和边际成本的因素都可能会对成本加成率产生影响。在生产技术不变的情况下，融资约束的存在提高了企业的融资成本，融资成本的提高会提升企业的资本要素成本乃至边际成本。如果产品价格相同，融资约束程度较高的企业的成本加成率会小于融资约束程度较低的企业的成本加成率。此外，融资约束的存在还会逼迫企业为了尽快取得现金流而不断降低产品价格，以采取"薄利多销"的经营策略（李思慧和徐保昌，2018），如果边际成本相同，在非完全竞争市场情形下，融资约束程度较高企业的成本加成率会较低。因此，$\frac{\partial \mathrm{Mkp}}{\partial \mathrm{FC}}<0$。结合前文 $\frac{\partial \mathrm{TG}}{\partial \mathrm{Mkp}}>0$，可得到 $\frac{\partial \mathrm{TG}}{\partial \mathrm{FC}}=\frac{\partial \mathrm{TG}}{\partial \mathrm{Mkp}}\times\frac{\partial \mathrm{Mkp}}{\partial \mathrm{FC}}<0$，即融资约束可能会通过成本加成率机制降低中国制造业贸易利得。

第三节　固定效应模型

一、模型构建

根据前文的分析论述，为有效地检验融资约束对中国制造业贸易利得的影响，本书的基准计量模型设定如下：

$$TG_{fijt}=\alpha+\beta FC_{fijt}+\gamma X_{fijt}+\delta_f+\delta_i+\delta_j+\delta_t+\varepsilon_{fijt} \qquad (2.13)$$

其中，f、i、j、t 分别表示制造业企业、制造业企业所在的行业、制造业企业所在的省份、年份，TG 表示制造业企业 f 在第 t 时期的贸易利得，其数值大小代表制造业企业 f 在第 t 时期所处的全球价值链地位和进行国际贸易所获取的真实贸易利益，FC 表示制造业企业的融资约束水平。X 为控制变量集，δ_f、δ_i、δ_j、δ_t 分别代表企业固定效应、二分位行业固定效应、省份地区固定效应和年份固定效应，ε 表示随机误差项。

二、变量说明

上述基准计量模型所需的变量主要涉及以下三个方面的说明：

（一）贸易利得 TG

如前文所述，目前已有部分学者用宏观的国家或行业层面出口国内增加值的相关指标来衡量贸易利得（江希和刘似臣，2014；肖威，2015；戴翔等，2015）。本书用企业层面的出口国内增加值率来衡量制造业企业的贸易利得。目前学术界对出口国内增加值率的衡量维度有两种：第一种是利用投入产出表从宏观的国家或行业层面衡量（Koopman et al.，2012；刘维林，2015），该方法具有忽略企业异质性特征且测度结果不连续的弊端；第二种是从微观企业层面衡量（张杰等，2013；李胜旗和毛其淋，2017；吕越和尉亚宁，2020；王孝松等，2023）。结合本书研究主题的需要，本书在通过改进前文也即本章第二节 Upward 等（2013）方法的基础上，借鉴 Kee 和 Tang（2016）的处理方法，测度了企业层面制造业的贸易利得。具体测度过程如下：

如前文所述，Upward 等（2013）依据垂直专业化分工思想，假设企业以所有贸易方式进口的产品均会被用作中间投入，对于企业加工贸易进口来说，全部进口均作为中间投入用于出口产品的生产，而对于企业一般贸易进口来说，全部进口均作为中间投入等比例地用于国内销售产品和一般贸易出口产品的生产。根据这一假设条件，可以得到上文中的式（2.1），即企业出口值中包含的国外增加值：$V_F = im^p + ex^o[im^o/(Y-ex^p)]$，然而根据 $Y = DS +$

ex^p+ex^o，即企业总产值=企业国内销售+企业加工贸易出口+企业一般贸易出口，可将上文中式（2.1）企业出口值中包含的国外增加值表示如下：V_F=im^p+im^o[ex^o/（DS+ex^p）]，其中，V_F 表示企业出口国外增加值，ex^p 和 ex^o 分别表示企业的加工贸易出口和一般贸易出口，ex 表示企业总出口，im^p 和 im^o 分别表示企业的加工贸易进口和一般贸易进口，Y 表示企业总产值，等于企业国内销售与企业出口之和，DS 表示企业的国内销售，以企业总产值与企业出口交货值的差额①来表示。然而，考虑到中国进出口贸易的实际情况，需要进一步说明的是，在本书所使用的数据中，企业总产值的数据 Y 直接来源于工业企业数据库，企业的加工贸易出口和一般贸易出口以及加工贸易进口和一般贸易进口来源于中国海关贸易数据库，而关于企业实际中间投入品进口值信息的获取则相对较为间接。为了使测量结果更加准确，上述对企业出口值中包含的国外增加值的测度仍有进一步改进的空间，只需要对企业实际中间投入品进口的以下几个关键问题进行仔细的处理。

1. 企业实际进口的中间投入品识别问题

在 Upward 等（2013）的研究中，假设企业加工贸易的全部进口均作为中间投入用于出口产品的生产，但根据海关贸易数据库中对加工贸易的实际进口记录，事实上企业加工贸易的进口也会包含资本品等非中间投入的产品。如果不对这部分非中间投入的产品值进行相应的处理，则可能会高估加工贸易的中间投入品进口值。因此，为了剔除加工贸易的非中间投入品进口值，本书将海关贸易数据库中进口产品的 HS6（Harmonized System）分位编

---

① 对于企业总产值小于出口交货值的企业，本书假定出口的国外增加值等于加工贸易进口与一般贸易进口之和。

码与广义经济分类标准（Broad Economic Categories，BEC）的编码进行对接①来识别出企业进口的产品类别（包括资本品、中间投入品和消费品三类），在此基础上，对制造业企业的加工贸易进口和一般贸易进口均进行了中间投入品识别②。

2. 处理贸易中间商问题

考虑到会有一部分企业在进口（包括中间投入品进口）时并非自身通过海关从国外直接进口，而是通过只专门从事于进口业务的贸易中间商（或代理商）来间接进口，如果不对通过贸易中间商间接进口的这部分中间投入品进行处理，则可能会导致企业中间投入品的实际进口额被低估。为此，本书首先从海关贸易数据库中识别出只专门从事于进口业务的贸易中间商，具体方法为将海关贸易数据库中企业名称含有"进出口""贸易""经贸""商贸""科贸""外经""外贸""物流""外运""储运""仓储"等关键性字样的企业界定为贸易中间商③。其次测度了 HS6 分位产品层面通过贸易中间商累计进口的中间投入品比例，最终得以推算出制造业企业加工贸易中间投入品的实际进口值和一般贸易中间投入品的实际进口值。

---

① HS6 分位编码与 BEC 编码的转换表来源于联合国网站：http：//unstats. un. org/unsd/trade/conversions/HS%20Correlation%20and%20Conversion%20tables. htm。其中，本书对 2000~2001 年的 HS6 分位进口产品数据使用的是 HS1996 与 BEC 编码的转换表，对 2002~2006 年的 HS6 分位进口产品数据使用的是 HS2002 与 BEC 编码的转换表，对 2007~2010 年的 HS6 分位进口产品数据使用的是 HS2007 与 BEC 编码的转换表。对 2010~2013 年的 HS6 分位进口产品数据使用的是 HS2012 与 BEC 编码的转换表。

② 关于中间投入品的分类方法来源于 BEC 产品分类下对中间投入品的界定，具体过程如下：根据 BEC 分类标准，将 BEC 编码为"111""121""21""22""31""32""322""42""521""53"的十类进口 HS6 分位产品归类为中间投入品进口。

③ 现有文献通常只把企业名称含有"进出口""贸易""经贸""科贸""外经"这五类字样的企业归属为贸易中间商，本书认为这并不全面，并根据企业名称判断其他几类很有可能是贸易中间商的企业也归属为了贸易中间商。

3. 企业的间接进口比例和返回国内的增加值比例识别问题

考虑到企业从国内供应处采购的部分中间投入品可能包含进口成分而引致间接进口，企业从国外进口的部分中间投入品可能包含出口后再返回本国的国内附加值部分。如果不对这种现象进行相应的处理，则可能会使测度结果不准确。为此，本书参照苏丹妮等（2017）的方法，利用世界投入产出数据（WIOD）测度了制造业企业所在二位码行业的中间投入品的间接进口比例和返回国内的增加值比例①。

在仔细地处理完上述关于企业实际中间投入品进口的关键性问题之后，再根据上文，即本章第二节中的式（2.2），最终得到了企业层面制造业贸易利得的测度公式：

$$TG_{fijt}=\frac{V_{fijt}^{D}}{ex_{fijt}}=\frac{ex_{fijt}-V_{fijt}^{F}}{ex_{fijt}}=1-\frac{im_{fijt}^{p}+(im_{fijt}^{o})\left[ex_{fijt}^{o}/(DS_{fijt}+ex_{fijt}^{o})\right]+(\theta_i-\delta_i)ex_{fijt}}{ex_{fijt}}$$

(2.14)

其中，f、i、j、t 分别表示制造业企业（包含加工贸易企业、一般贸易企业和混合贸易企业）、制造业企业所在的行业、制造业企业所在的省份、年份，V^D 表示制造业企业出口国内增加值，im^p 和 im^o 分别表示对贸易中间商进口比例进行调整后的制造业企业的实际加工贸易中间投入品的进口值和实际一般贸易中间投入品的进口值。θ 和 δ 分别表示制造业企业所在行业的间接进口比例和返回国内的附加值比例。图 2-1 展示了本书测度的 2000～2013 年②中国制造业贸易利得平均值的变化趋势。由图 2-1 可以看出，2008年金融危机后，中国制造业贸易利得的平均值出现过短暂的下滑后开始继续增长。

---

① 世界投入产出数据（WIOD）行业类别与中国工业行业类别的对照表详见附录。
② 由于 2014 年后中国工业企业数据库和中国海关贸易数据库的部分数据未公布，本书将研究时段的截止时间选取在了 2013 年，下同。

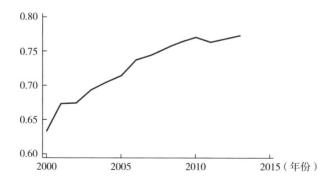

图2-1 2000～2013年中国制造业贸易利得平均值

（二）企业融资约束FC

正如本书第一章对企业融资约束测量方法的梳理，现有相关研究对融资约束的测量方法比较多，如投资——现金流敏感度、现金——现金流敏感度、单因素代理指标法、多因素代理指标法、SA指数法、综合指标法等，但不管哪种方法均有弊端之处。为了尽可能地减少企业融资约束指标测量方法的弊端，本书综合对比以往研究，借鉴和改进阳佳余（2012）以及王碧珺等（2015）在运用综合指标法测量企业融资约束时的相关指标，运用因子分析法构造综合指标来衡量企业的融资约束境况，并用内生性较低的SA指数法进行稳健性检验。阳佳余（2012）在用综合指标法测量企业的融资约束时，从内外源融资能力以及商业信贷等方面选取了多种指标对企业的融资约束进行了综合测量，但却忽视了固定资产净值率这一指标对企业外源融资约束的影响；而王碧珺等（2015）在用综合指标法测量企业的融资约束时则没有考虑"商业信用"对中国企业尤其是民营企业外源融资约束的重要性（张杰等，2012）。

本书在阳佳余（2012）和王碧珺等（2015）研究的基础上从企业的内

源和外源融资能力、商业信用以及投资机会和营利能力者四个角度，选择下述九个分项指标，采用因子分析法构建了全面衡量制造业企业融资约束情况的综合指标：①现金比率（企业存量现金与总资产之比）。该指标的值代表了企业的内源融资能力，该指标的值越大，表明企业靠自身留存现金满足资金需求的可能性就会越高。②流动比率（企业流动资产与流动负债之比）。③企业规模（对数化的企业总资产）。④清偿比率（企业所有者权益与总负债之比）。⑤固定资产净值率（企业固定资产与总资产之比）。⑥外资投入占比（企业外商投资以及港澳台投资与企业实收资本之比）。上述六个分项指标的值代表了企业的外源融资能力。其中，企业流动比率和企业清偿比率越高，企业偿还短期负债和长期负债的能力就会越强，其外源融资能力就会越强；企业固定资产与总资产的比值越高，企业规模越大，其抵押担保能力就会越强，进而从金融机构取得贷款的概率就会越高；此外，企业资本的外资投入占比越大，其遭受的外源融资约束就会越小。⑦销售利率（企业销售利润与销售收入之比）。⑧资产收益率（企业总利润与总资产之比）。以上两个分项指标的值代表了企业的营利能力以及投资机会，这两个分项指标的值越高，企业的获利能力就会越强，投资机会就会越多，进而所遭受的融资约束就会越小（阳佳余，2012）。⑨商业信用（企业应收账款与总资产之比）。企业的应收账款越多，向外提供商业信贷的可能性就会越高，所遭受的融资约束就会越小（阳佳余，2012）。在选定上述九个分项指标之后，对上述九个分项指标首先进行标准化，之后对标准化后的分项指标分别提取因子变量，取得最大方差正交旋转后的因子载荷矩阵，使用各公因子的方差贡献率作为权重，进而测度出了衡量制造业企业融资约束状况的综合指标。

（三）其他变量

控制变量集包括：①企业生产率（produ），用企业的劳动生产率来衡量,即用企业的人均总产值并取对数表示。为消除通货膨胀因素的影响,本书用以 2000 年为基期的工业品出厂价格指数对企业总产值进行了相应的平减处理。由于 2007 年以后的中国工业企业数据库没有统计计算企业全要素生产率所需的固定资产原价、中间投入、固定资产净值年均余额以及折旧等关键信息,故本书使用企业的劳动生产率来衡量企业生产率。②企业资本密集度(kir),用对数化的企业固定资产与企业员工人数的比值来衡量。同样,为消除通货膨胀因素的影响,本书用以 2000 年为基期的固定资产投资价格指数对企业固定资产进行了相应的平减处理。③赫芬达尔——赫希曼指数(hhi),$hhi_{it} = \sum_{f \in \Omega_i} S_{it}^2 = \sum_{f \in \Omega_i} (sale_{ft}/sale_{it})^2$,其中 $sale_{ft}$ 表示 t 年 f 企业的销售额,$sale_{it}$ 表示 t 年二分位行业 i 的销售总额,hhi 越大,表明 f 企业所在二分位行业 i 的市场垄断度越高。④企业加工贸易出口份额(pro_share),用企业加工贸易出口份额占企业出口总额的比例表示。加工贸易出口份额会影响企业贸易利得的大小,加工贸易出口份额越大,企业贸易利得越小。⑤外资企业虚拟变量(fdum),若企业所有制为外资企业,fdum 取值为 1,否则 fdum 取值为 0。⑥国有企业虚拟变量(sdum),若企业所有制为国有企业,sdum 取值为 1,否则 sdum 取值为 0。⑦企业年龄(age),用对数化的企业存续年限(当年年份与企业开业年份的差值)来衡量。根据张维迎等(2003)以及于洪霞等(2011)的研究结果,企业年龄可能会影响到企业受行政干预的概率和程度,进而可能会引致企业融资约束和贸易利得的差异。⑧企业规模(scale),用对数化的企业资产总额来衡量。同样,为消除通货膨胀因素的影响,本书用以 2000 年为基期的固定资产投资价格指数对企业资产总额进行了平减处理。

第四节 数据描述

根据数据的可得性，本部分研究所使用的主要数据来自 2000~2013 年内中国国家统计局公布的中国工业企业数据库和中国海关总署公布的中国海关贸易数据库。中国工业企业数据库是国内最大的微观企业样本数据库，其统计调查对象包含了全部国有工业企业和规模以上[①]非国有企业（共覆盖中国 600 左右小类、90 左右中类、40 左右大类工业企业）上百条丰富的年度基本信息，如企业名称、法人代码、所有制类型、所属行业类别、注册资本、电话、邮编、地址、联系人等企业基本信息以及企业总资产、固定资产、流动资产、长短期负债、销售额、所有者权益、应收账款、营业利润等企业年度财务信息。由国家统计局对国有工业企业以及规模以上非国有企业的"工业统计报表"整理而成。中国海关贸易数据库由海关总署对中国每一笔进出口通关的详细记录构成。2000~2006 年的中国海关贸易数据库按照月度时间记录了中国进出口通关的 HS8 分位产品层面的交易信息，主要包括进出口产品所属企业的基本信息（如企业名称、编码、所有制类型、电话、邮编、地址、联系人等），进出口交易产品本身的基本信息（如产品编码、以美元计价的金额、数量、计量单位等），出口目的地以及进口来源国、贸易方式（加工贸易或一般贸易）和运输方式（海运、航运、公路、铁路等 6 类）等。2007~2013 年的中国海关贸易数据库则按照年度时间记录了上述中国进出口通关的 HS8 分位产品层面的交易信息。

---

① 2000~2006 年规模以上非国有企业的统计范围为主营业务收入大于 500 万元的非国有企业，2007~2013 年该统计范围变更为主营业务收入大于 2000 万元的非国有企业。

由于海关贸易数据库中缺乏计算企业融资约束和设定控制变量集所需的财务指标以及企业所属行业分类等关键信息，因此需与工业企业数据库匹配。匹配前本书对以上两套数据分别进行了以下处理：

　　（1）对于中国工业数据库，由于数据量庞大，处理过程比较复杂，本书参照已有研究（Brandt et al.，2012；聂辉华，2012；田巍和余淼杰，2013）的方法对工业企业的原始数据库进行了系统的清洗和处理，之后用序贯识别法建立了 2000~2013 年中国工业企业的面板数据。主要步骤包括：剔除了工业企业数据库中关键指标异常、不符合简单逻辑关系以及不符合基准会计原则（一般公认的 GAPP）的样本。如剔除了总资产、固定资产以及年均从业人数等关键指标中存在缺失值、负值和零值等异常样本；剔除了年均从业人数小于 10 的样本；删除了 1949 年中华人民共和国成立前的样本；删除了企业年龄比 0 小的样本；剔除了总资产比流动资产小以及累计折旧比当期折旧小等不符合基本会计准则的样本。本书还根据中国国家统计局公布的行政区划历年代码①对工业企业数据库中的地区代码进行了统一转化。

　　（2）对于海关贸易数据库，本书首先删除了出口值存在缺失值或为负值的异常样本。其次根据研究的需要，本书按照年份时间将 2000~2006 年海关贸易数据库的月度数据汇总为年度数据，并将 HS8 分位产品层面的数据加总至国际上普遍使用的 HS6 分位产品层面。在加总之前，本书对 2000~2006 年海关贸易数据库中存在的企业名称与企业编码错乱、企业信息记录错位等多种问题进行了相应的处理。此外，由于 2007~2013 年的海关贸易数据库存在企业信息的大量缺失问题，为提高匹配结果的精准度，本书利用海关贸易数据库中的企业名称、企业编码、企业电话号码、企业编码和企业邮编等信息对企业缺失信息进行了详细的清洗和交互补充。最后本书根据企业的贸易

---

　　① 中国国家统计局公布行政区划历年代码的网址为：http://www.stats.gov.cn/tjsj/tjbz/xzqhdm/。

方式识别出了纯加工贸易企业、纯一般贸易企业、混合贸易企业和其他贸易方式企业，由于其他贸易方式的企业在样本量中所占的比例较小，且不在本书常规研究范围内，本书对其进行了剔除。

由于工业企业数据库中的企业法人代码与海关贸易数据库中的企业编码是两套不同的编码系统①而不能直接根据两套数据库中的企业代码信息进行匹配。接下来，本书主要参考 Yu（2015）的三步匹配法，使用企业名称等信息，分以下三步匹配了以上两套数据库。具体如下：首先，按照企业名称和年份匹配。由于已有企业名称不允许被重复使用，因此两套数据库中企业名称相同的企业可被视为同一家企业。其次，根据企业邮编和电话号码后7位对第一步剩余样本中的相同企业进行进一步的识别。最后，根据企业邮编和联系人对第二步剩余样本中的相同企业进行最后的识别。本书选取以上两套数据库合并后的出口企业作为研究样本。此外，本书还对以上数据进行了如下处理：第一，重新调整并统一了4位数行业代码。在国家统计局公布的工业企业数据库中，样本期 2002~2013 年的国民经济行业分类标准发生过两次变化②。其中，2002 年之前的数据使用的是国家在 1994 年修订的《国民经济行业分类》（GB/T4754-1994），2003~2012 年的数据使用的是国家在2002 年修订的《国民经济行业分类》（GB/T4754-2002），2013 年的数据使用的是国家在 2012 年修订的《国民经济行业分类》（GB/T4754-2012）。由于在实证分析中需要计算不同行业的市场垄断程度，也需要控制行业之间的差异，因此，有必要对行业口径进行统一。为此，本书根据国家在 2002 年颁布的《国民经济行业分类》（GB/T4754-2002），重新调整并统一了 2000~2013 年工业企业的 4 位数行业代码。调整后的工业企业 4 位数行业代码从0111~9800 包括农林牧渔业、采矿业、制造业、建筑业、交通运输、仓储和

---

① 工业企业数据库中的企业代码信息是 9 位数的法人代码，而海关贸易数据库中的企业代码信息则是 10 位数的企业编码。

② 具体可从中国国家统计局网站查询：http://www.stats.gov.cn/tjsj/tjbz/。

邮政业等20种不同的国民经济部门。由于本书研究范围是制造业企业，本书只保留了四位数行业代码在"1310"和"4320"之间的制造业。第二，考虑到只专门从事进出口业务而不从事生产业务的贸易中间商的贸易利得与专门从事生产性业务企业的贸易利得不同，本书在最终实证分析时剔除了样本中的贸易中间商①。最终匹配成功的样本观测值为569114。表2-1为本部分各变量的描述性统计特征。

表2-1　各变量的描述性统计特征

变量	观测值	均值	标准差	最小值	最大值
TG	569114	0.741	0.210	0.001	0.850
FC	569114	0.470	0.164	0	1
L. FC	569114	0.466	0.162	0	1
produ	569114	5.589	1.043	-1.359	15.347
kir	569114	3.818	1.415	-6.265	13.957
hhi	569114	0.006	0.029	0	0.972
pro_share	569114	0.193	0.361	0	1
fdum	569114	0.160	0.366	0	1
sdum	569114	0.046	0.209	0	1
age	569114	9.699	8.572	0	64
scale	569114	10.728	1.480	3.219	19.138

---

① 这里对于贸易中间商的界定方法与前文一致。

第五节　基准实证分析

本章的实证分析从考察融资约束对中国制造业贸易利得的影响开始。在基准实证分析之前有必要进行 Hausman 检验[①]。经过 Hausman 检验，拒绝了原假设，选定固定效应模型进行实证分析。表 2-2 为式（2.13）融资约束与中国制造业贸易利得的基准回归结果。为了保证估计结果的稳健性，第（1）列仅控制了企业、年份和省份地区固定效应，结果表明，融资约束变量的估计系数在 1% 水平下显著为负，初步表明融资约束可能会降低中国制造业贸易利得。第（2）列进一步控制了行业固定效应和省份固定效应，结果显示，在控制了行业差异后，融资约束变量估计系数的绝对值有所下降，但仍在 1% 的显著水平下为负。第（3）列在第（2）列的基础上加入了企业生产率和资本密集度，发现融资约束变量估计系数的显著水平和符号均不变，且企业生产率变量的估计系数显著为正，表明企业生产率的提高有利于提升中国制造业贸易利得，而企业资本密集度变量的估计系数显著为负，说明企业资本密集度的提高会降低中国制造业贸易利得。第（4）列进一步加入了 hhi 指数和加工贸易出口比例，发现 hhi 指数变量的估计系数并不显著，表明行业集中度并不影响中国制造业贸易利得，而加工贸易出口比例变量的估计系数显著为负，说明加工贸易出口比例越大，中国制造业贸易利得越低。第（5）列在第（4）列的基础上加入了国有和外资企业虚拟变量。第（6）列加入了全部的控制变量，结果显示，企业规模与中国制造业贸易利得负相

[①]　本书在下文的实证分析之前，也均经过 Hausman 检验拒绝了原假设，选定了固定效应模型进行实证分析。

关，而企业年龄与中国制造业贸易利得正相关，且融资约束变量估计系数的显著水平和符号仍未改变，绝对值有所增大。由第（6）列的估计系数可知，控制了其他影响因素后，融资约束每增大1%，中国制造业贸易利得降低0.030%（0.002个标准差）。总体来看，融资约束显著抑制了中国制造业贸易利得的提升。

表2-2　基准实证结果

TG	（1）	（2）	（3）	（4）	（5）	（6）
FC	-0.023*** (-10.94)	-0.023*** (-10.92)	-0.028*** (-12.84)	-0.028*** (-14.26)	-0.028*** (-14.06)	-0.030*** (-15.08)
prod			0.002*** (4.27)	0.002*** (6.47)	0.002*** (6.74)	0.003*** (7.67)
kir			-0.006*** (-19.83)	-0.005*** (-19.04)	-0.005*** (-18.11)	-0.003*** (-11.72)
hhi				-0.010 (-0.24)	-0.007 (-0.18)	-0.006 (-0.15)
pro_share				-0.313*** (-97.63)	-0.312*** (-97.11)	-0.310*** (-96.37)
sdum					0.011*** (4.29)	0.011*** (4.38)
fdum					0.022*** (16.52)	0.020*** (15.77)
scale						-0.011*** (-20.31)
age						0.005*** (9.32)
企业固定效应	Yes	Yes	Yes	Yes	Yes	Yes

TG	(1)	(2)	(3)	(4)	(5)	(6)
行业固定效应	No	Yes	Yes	Yes	Yes	Yes
省份固定效应	Yes	Yes	Yes	Yes	Yes	Yes
年份固定效应	Yes	Yes	Yes	Yes	Yes	Yes
观测值	569114	569114	569114	569114	569114	569114
组内 R^2	0.051	0.051	0.053	0.191	0.192	0.194

注：括号内的数值为变量系数的 t 统计量或 z 统计量；标准误聚类在企业层面；*、**、***分别表示在 10%、5%、1% 的水平下显著。

第六节　动态影响分析

当企业在当期面临融资约束时，可能会影响到下一期投资和产出，制约下一期贸易利得的提升，即融资约束对中国制造业贸易利得的影响可能具有动态效应。本书用融资约束的滞后一期 L. FC 对基准模型进行估计，以检验融资约束在不同时期对贸易利得影响的持续性，估计结果如表 2-3 所示。为了保证估计结果的稳健性，第（1）列仅控制了企业固定效应、省份固定效应和年份固定效应，结果初步表明，融资约束对中国制造业贸易利得的动态影响在 1% 水平下显著为负。第（2）列进一步加入了行业固定效应，在控制了行业差异后，融资约束滞后一期的估计系数仍显著为负。第（3）列~第（6）列逐步加入各个控制变量后，发现融资约束对中国制造业贸易利得的负向动态影响仍不改变。由第（6）列融资约束滞后一期的估计系数可知，在控制了其他因素的影响后，融资约束每提升 1%，对中国制造业贸易利得的动态影响效应降低 0.219%（0.024 个标准差）。

表 2-3　动态影响分析

DVAR	（1）	（2）	（3）	（4）	（5）	（6）
L. FC	-0.093 *** （-3.06）	-0.094 *** （-3.08）	-0.103 *** （-3.40）	-0.060 ** （-2.13）	-0.054 * （-1.93）	-0.219 *** （-9.02）
prod			0.002 *** （4.41）	0.002 *** （4.55）	0.002 *** （4.71）	0.004 *** （9.85）
kir			-0.005 *** （-14.15）	-0.004 *** （-12.69）	-0.004 *** （-12.14）	-0.003 *** （-11.70）
hhi				0.031 （0.69）	0.030 （0.67）	-0.016 （-0.39）
pro_share				-0.285 *** （-69.53）	-0.284 *** （-69.15）	-0.305 *** （-97.52）
sdum					0.006 ** （2.26）	0.011 *** （4.35）
fdum					0.016 *** （10.62）	0.020 *** （15.70）
scale						-0.010 *** （-19.94）
age						0.005 *** （9.63）
企业固定效应	Yes	Yes	Yes	Yes	Yes	Yes
行业固定效应	No	Yes	Yes	Yes	Yes	Yes
省份固定效应	Yes	Yes	Yes	Yes	Yes	Yes
年份固定效应	Yes	Yes	Yes	Yes	Yes	Yes

续表

DVAR	（1）	（2）	（3）	（4）	（5）	（6）
观测值	569114	569114	569114	569114	569114	569114
组内 R^2	0.045	0.045	0.046	0.172	0.173	0.198

注：括号内的数值为变量系数的 t 统计量或 z 统计量；标准误聚类在企业层面；＊、＊＊、＊＊＊分别表示在 10%、5%、1%的水平下显著。

第七节　稳健性分析

本节将通过以下多种途径进行稳健性分析。首先，前文在设定计量模型时对被解释变量贸易利得和解释变量融资约束的指标选择和测度具有一定的主观性，可能会导致测量误差问题。其次，前文在对控制变量的设定过程中用企业劳动生产率代替了企业全要素生产率，也可能会导致测量误差问题。因此，为了确保本章计量模型设定的合理性以及核心估计结果和研究结论的稳健性，本节将对前文可能存在的变量测量误差问题进行稳健性检验。此外，为了避免可能存在地由逆向因果关系导致的潜在内生性问题，本节拟采用两阶段最小二乘法（2SLS）对潜在的内生性问题进行处理。

一、改变贸易利得的衡量方法

前文在测算贸易利得时，使用企业总产值减去出口交货值来衡量制造业企业的国内销售额。为了检验这一估计结果是否会随贸易利得测算方法的不同而改变，这里用企业总产值减去出口额来衡量企业的国内销售额，重新测算企业层面的中国制造业贸易利得，用 TG_2 表示。表 2-4 第（2）列是以贸易利得 TG_2 为因变量的估计结果，由第（2）列的估计结果可以看出，融资约束变量的估计系数在 1% 水平下仍显著为负，表明融资约束对中国制造业贸易利得提升的抑制作用不随贸易利得测算方法的不同而改变。

二、改变融资约束的衡量方法

前文基本回归中对企业融资约束的衡量采用了由企业的内外源融资约束、投资机会与营利能力、商业信用构造的综合指标法。为了检验主要估计结果的稳健性，笔者采用 Hadlock 和 Pierce（2010）提出的 SA 指数法重新构造融资约束指标，用 FC_2 表示。SA 指数根据企业的财务信息将企业区分为五个级别的融资约束类型，其计算公式为 $FC_2 = -0.737 \times Size + 0.043 \times Size_2 - 0.04 \times Age$。其中，Size 是用企业资产总额的对数形式表示的企业规模，Age 为企业年龄。SA 指数的计算结果越大，企业的融资约束就越大。表 2-4 第（1）列报告了以 SA 指数刻画制造业企业面临融资约束程度的估计结果，由第（1）列的估计结果可以看出，融资约束对中国制造业贸易利得的负向影响仍稳健显著，说明融资约束对中国制造业贸易利得仍有较为显著的负向影响，表明融资约束对中国制造业贸易利得提升的抑制作用不随融资约束衡量方法的不同而改变。

三、改变控制变量企业生产率的测量方法

由于中国工业企业数据库指标的限制，前文在测量制造业企业生产率时采用了劳动生产率，为稳健起见，本书参考余淼杰等（2018）方法测度了

2000~2007 年以及 2011~2013 年制造业企业的全要素生产率以进行稳健性检验。由于 2008~2010 年的工业企业数据缺乏计算资本存量所需的固定资产原价和固定资产净值年均余额，本书没有对该时段的全要素生产率进行估算。2011~2013 年的工业企业数据缺乏工业增加值和中间投入的指标，本书根据余淼杰等（2018）的做法，利用中间投入与工业总产值、工资和累计折旧之间的关系①得到。进而本书使用 OP 方法（Olley and Pakes，1996）估算得到了制造业企业的全要素生产率，并用这一新估算到的全要素生产率替换劳动生产率对基准计量模型式（2.13）进行了重新估计，结果如表 2-4 第（3）列所示。估计结果显示改变生产率测度方法后的主要结论与前文一致。

四、内生性问题的处理

在上文分析中，企业贸易利得 TG 的提升可能会增加企业的经济利润，反过来降低企业所面临的内源融资约束水平，导致逆向因果的内生性问题。因此为处理模型内生性问题，本书用企业所在省份的人民币贷款余额作为企业融资约束的工具变量进行两阶段最小二乘法（2SLS）估计。人民币贷款余额在一定程度上代表了企业的外源融资状况，且相对较为外生。此外，为检验工具变量选取的有效应，笔者还对工具变量进行了 Kleibergen-Paap LM 统计量检验，结果在 1% 的显著水平下拒绝了工具变量识别不足的假设，并对工具变量进行了 Kleibergen-Paap Wald rk F 统计量检验，结果在 1% 的显著水平下拒绝了弱工具变量的假设，综合表明了本书对工具变量选取的有效性。表 2-4 第（4）列报告了工具变量 2SLS 的估计结果，不难发现，考虑了潜在的内生性问题后，前文的主要结论仍然成立。

---

① 中间投入值＝工业总产值×销售成本/销售收入-应付工资薪酬-累计折旧。

表 2-4　稳健性检验结果

变量	TG$_2$	TG$_2$	TG	2SLS
	(1)	(2)	(3)	(4)
FC		-0.023^{***} (-10.26)	-0.033^{***} (-11.90)	-3.134^{***} (-5.60)
FC$_2$	-0.176^{***} (-5.94)			
Kleibergen-Paap LM 统计量				100.77^{***}
Kleibergen-Paap Wald F 统计量				19.56^{***}
控制变量	Yes	Yes		Yes
企业固定效应	Yes	Yes		Yes
行业固定效应	Yes	Yes		Yes
省份固定效应	Yes	Yes		Yes
年份固定效应	Yes	Yes		Yes
观测值	569114	569114		569114
R^2	0.188	0.193		0.194

注：括号内的数值为变量系数的 t 统计量或 z 统计量；标准误聚类在企业层面；*、**、***分别表示在10%、5%、1%的水平下显著。

第三章　企业异质性影响

在新新贸易理论的研究中，企业异质性是一个不可忽视的关键因素。企业作为经济活动的微观主体，在所有制、生产率、规模等多种维度呈现出丰富的异质性特征。这些异质性特征不仅决定了企业自身的资源配置能力、市场竞争地位，还在很大程度上影响了企业在融资市场上的表现以及在国际贸易中获取利润的能力。过往研究表明，企业所有制、生产率、规模等方面的异质性均会对其融资能力产生深刻的影响。因此，异质企业的融资约束对其贸易利得的影响效应可能会存在差异。考虑到中国制造业企业在贸易方式、所有制、生产率、规模、所在区域等方面存在着显著差异，有必要根据其差异化特征进行异质性分析。本章将在第二章研究的基础上，从企业贸易方式、企业所有制特征、企业生产率、企业规模以及企业所在区域这五个方面进行异质性分析，以进一步研究不同类别企业的融资约束对中国制造业贸易利得的异质性影响。本章研究不仅有助于进一步完善国际贸易理论框架，还有利于为政策制定者提供更具针对性的实证支持。

第一节　引言

长期以来，国际贸易理论及实证研究多集中于国家或行业层面的分析，而忽视了企业个体差异对贸易行为及其利得分配的重要作用。然而，随着新新贸易理论的兴起，企业异质性逐渐被纳入研究框架，成为解释国际贸易及其动态变化的核心要素之一。中国作为全球制造业大国，其出口企业在贸易方式、所有制结构、生产率水平、规模特征及区域分布等方面呈现出显著的异质性。这种异质性可能会通过影响企业的融资约束作用于企业贸易利得分配。例如，不同贸易方式企业的生产组织模式、成本结构以及市场风险承担能力各异，这必然导致融资约束对贸易利得的影响程度有所不同；所有制的差异使企业在获取金融资源、享受政策优惠等方面存在显著区别，进而可能会影响融资约束对贸易利得的效应；企业生产率的高低直接关联其产品竞争力、市场份额和营利能力，也可能会改变融资约束对贸易利得的作用效果；企业规模大小决定了其抗风险能力、融资渠道的多样性以及在市场中的议价能力，也在融资约束与贸易利得的关系中扮演着重要角色；而企业所在区域的经济发展水平、金融生态环境以及政策导向等差异，可能会使融资约束对贸易利得的影响呈现出明显的区域特征。

具体地，从贸易方式来看，加工贸易企业的生产环节相对简单，附加值较低，在面临融资约束时，更易受到冲击，贸易利得的提升可能也更为困难；而一般贸易企业则凭借其自主研发和品牌建设的优势，在一定程度上抵御融资约束的负面影响，贸易利得的提升可能相对较易。所有制的差异同样深刻影响着企业的融资环境和贸易利得。国有企业往往凭借与政府的紧密联系，在获取金融资源、享受政策优惠等方面占据优势，融资约束相对较低；民营企业则常因金融市场的信息不对称、资源错配等问题，面临较高的融资门槛和成本，融资约束更为严峻。这种所有制层面的差异，可能使融资约束对不同所有制企业贸易利得的影响截然不同。从生产率来看，高生产率企业凭借其高效的生产运营和创新能力，更容易在出口中获取高额经济利润，净资产收益率较高，融资约束相对较轻；而低生产率企业则因经济利润微薄，难以承担高贸易利得出口产品所需的沉没成本，在融资约束下的贸易利得提升可能面临着更大阻碍。从企业规模来看，大型企业通常拥有更雄厚的资产和更广泛的融资渠道，融资约束相对较低；中小型企业则由于先天资金不足、投资项目风险较高以及金融机构的"规模歧视"，融资难度较大，融资约束对其贸易利得提升的抑制作用可能更为明显。最后，从企业所在区域来看，东部地区经济发达，企业融资渠道相对丰富，但竞争也更为激烈，融资成本较高，融资约束对贸易利得提升的抑制作用可能更强；中西部地区经济发展相对滞后，金融资源相对匮乏，但由于政策扶持等因素，融资约束对贸易利得提升的抑制作用可能相对较弱。

　　在中国制造业蓬勃发展但也面临诸多挑战的背景下，深入剖析异质性制造业企业的融资约束对其贸易利得的影响具有重要的理论和现实意义。理论层面，通过对中国制造业企业异质性的深入分析，能够进一步丰富和完善国际贸易理论，揭示企业异质性在融资约束影响贸易利得过程中的差异，填补相关理论研究的空白。现实层面，了解不同类型企业在融资约束与贸易利得方面的差异，有助于政府制定更具针对性的产业政策和金融政策，优化资源配置，缓解企业融资约束，提升企业贸易利得，增强中国制造业的整体竞争力。因此，本章将从贸易方式、所有制特征、生产率、规模以及所在区域这五个主要方面，对中国制造业企业进行异质性分析，深入探究不同企业特征的融资约束对中国制造业贸易利得的异质性影响。通过对这些方面的系统研究，本章将为中国制造业应对融资约束、提升贸易利得提供更为具体的实践指导，助力中国制造业的高质量发展。

第二节　企业贸易方式的异质性

　　中国出口企业的出口贸易方式各不相同，不同贸易方式企业的融资约束可能不同，从而导致对其企业贸易利得提升的抑制效应不同。为深入考察融资约束对中国制造业贸易利得的影响如何受企业贸易方式的影响，这里按照企业贸易方式将中国制造业的总体样本划本分为纯一般贸易企业、纯加工贸易企业以及混合贸易企业分别进行考察，对上述三类子样本的估计结果分别体现在表3-1第（1）~第（3）列。从估计结果可以看出，对于以上三种不同贸易方式的企业，融资约束变量对企业贸易利得的估计系数均在1%水平下显著为负。但纯一般贸易企业的融资约束对其贸易利得的负向影响最小，混合贸易企业次之，而纯加工贸易企业的融资约束对其贸易利得的负向影响最大。为了稳健起见，这里根据企业的贸易方式构造两个虚拟变量，即纯加工贸易企业虚拟变量pdum和纯一般贸易企业虚拟变量odum。进一步地，在基准计量模型式（2.13）的基础上引入纯加工贸易企业虚拟变量与融资约束变量的交互项pdum×FC以及纯一般贸易企业虚拟变量与融资约束变量的交互项odum×FC，对扩展后的模型进行估计，以检验不同贸易方式制造业企业的融资约束对其贸易利得的异质性影响，估计结果报告在表3-1第（4）列。结果仍显示，纯加工贸易企业虚拟变量与融资约束变量交互项估计系数的绝对值最大，而纯一般贸易企业虚拟变量与融资约束变量交互项估计系数的绝对值较小，再次表明，纯加工贸易制造业企业的融资约束对其贸易利得提升的抑制作用最大。

表3-1　基于企业贸易方式异质性

变量	企业贸易方式异质性			
	纯一般	纯加工	混合	贸易方式
	（1）	（2）	（3）	（4）
FC	-0.012^{***} （-8.78）	-0.071^{***} （-5.78）	-0.067^{***} （-12.21）	-0.133^{***} （-36.79）
pdum×FC				-0.137^{***} （-21.17）
odum×FC				-0.109^{***} （-57.31）

续表

变量	企业贸易方式异质性			
	纯一般	纯加工	混合	贸易方式
	（1）	（2）	（3）	（4）
控制变量	Yes	Yes	Yes	Yes
企业固定效应	Yes	Yes	Yes	Yes
行业固定效应	Yes	Yes	Yes	Yes
省份固定效应	Yes	Yes	Yes	Yes
年份固定效应	Yes	Yes	Yes	Yes
观测值	400969	40375	127770	569114
组内 R^2	0.014	0.121	0.2143	0.171

注：括号内的数值为变量系数的 t 统计量或 z 统计量；标准误聚类在企业层面； * 、 * * 、 * * * 分别表示在 10%、5%、1% 的水平下显著。

主要原因在于当企业融资能力较弱导致融资约束较高时，企业没有充足可靠的资金来源供其调节出口中的固定成本，难以向研发和品牌打造等国内价值增值链的高端拓展，只能被迫倾向于选择以简单的制造和装配等粗放式的加工贸易方式进行出口以降低出口中的固定成本，从而导致其贸易利得水平更低，这与 Manova 和 Yu（2016）的研究结果一致，即高融资约束的企业更有可能采取加工贸易方式出口。在嵌入全球价值链生产体系之后，中国的加工贸易企业发展迅速，但由于融资约束等因素，中国的加工贸易企业在较长时期内处于全球价值链的低位，所获取的贸易利得在全球价值链中所占的比例较小，因此亟须推动加工贸易转型升级。

第三节　企业所有制的异质性

不同所有制类型的企业可能会因享有不同的优惠待遇而导致融资约束程度不同。张纯和吕伟（2007）以及邓可斌与曾海舰（2014）均研究认为不同所有制类型企业的融资约束不同，国有企业的融资约束较低，而民营企业的融资约束较高。更有部分学者已发现融资约束对企业贸易行为的影响会受企业所有制类型的影响。阳佳余（2012）采用中国工业企业数据研究发现外资企业融资约束的缓解对其出口的影响最大，国有企业次之，而民营企业融资约束的缓解对其出口的影响最小。而相反地，孙灵燕和李荣林（2011）以及曹献飞（2015）均研究发现融资约束对企业出口参与的影响程度与企业所有制相关，民营企业的融资约束对其出口参与的影响比较显著，而国有企业的融资约束对其出口参与的影响不显著。汪伟等（2013）研究认为信贷指导以及倾向于支持国有企业的融资制度使民营中小企业的融资约束问题较为严重。

因此，为深入考察融资约束对中国制造业贸易利得的影响如何受企业所有制类型的影响，这里按照企业所有制类型将中国制造业的总体样本划分为国有出口企业、民营出口企业和外资出口企业分别进行考察，对上述三类子样本的估计结果分别报告在表3-2第（1）~第（3）列。不难看出，国有出口企业的融资约束对其贸易利得的影响并不显著，而民营出口企业和外资出口企业的融资约束对其贸易利得的影响均在1%水平下显著为负，且外资出口企业融资约束变量估计系数的绝对值大于民营出口企业。为了稳健起见，这里根据企业的所有制类型构造两个虚拟变量，即国有企业虚拟变量 sdum

和外资企业虚拟变量 fdum。进一步地，在基准计量模型式（2.13）的基础上引入国有企业虚拟变量与融资约束变量的交互项 sdum×FC 以及外资企业虚拟变量与融资约束变量的交互项 fdum×FC，对扩展后的模型进行估计，以检验不同所有制类型制造业企业的融资约束对其贸易利得的异质性影响，估计结果报告在表3-2第（4）列。结果仍显示，国有出口企业虚拟变量与融资约束变量交互项的估计系数并不显著，而外资出口企业虚拟变量与融资约束变量交互项估计系数的绝对值最大，且大于融资约束变量估计系数的绝对值。即国有出口制造业企业的融资约束对其贸易利得的提升不存在抑制作用，而民营出口制造业企业的融资约束对其贸易利得的影响效应虽显著为负，但这种负向效应小于融资约束对外资出口制造业企业的负向效应。

表3-2 基于企业所有制异质性

变量	企业所有制异质性			
	国有	民营	外资	所有制
	（1）	（2）	（3）	（4）
FC	-0.007 (-0.74)	-0.007^{***} (-4.01)	-0.056^{***} (-13.55)	-0.016^{***} (-6.68)
sdum×FC				0.027 (2.35)
fdum×FC				-0.037^{***} (-7.00)
控制变量	Yes	Yes	Yes	Yes
企业固定效应	Yes	Yes	Yes	Yes
行业固定效应	Yes	Yes	Yes	Yes
省份固定效应	Yes	Yes	Yes	Yes

变量	企业所有制异质性			
	国有	民营	外资	所有制
	（1）	（2）	（3）	（4）
年份固定效应	Yes	Yes	Yes	Yes
观测值	25298	181113	157301	569114
组内 R^2	0.163	0.263	0.170	0.188

注：括号内的数值为变量系数的 t 统计量或 z 统计量；标准误聚类在企业层面；＊、＊＊、＊＊＊分别表示在 10%、5%、1%的水平下显著。

主要原因在于金融市场的信息不对称和金融资源的扭曲错配使民营企业的外部融资环境与国有企业相比较差。由于政府和国有企业之间的利益关联较为紧密，金融资源尤其是国有金融体系的金融信贷资源易于非市场化，更倾向于支持国有企业，因而国有企业的融资成本更低，融资渠道更广，可融资金数量更多（张杰等，2012；简泽等，2018），部分挤占了民营企业发展所需的金融信贷资源。且中国传统的金融体系对民营企业信贷存在着不少问题，使民营企业的融资门槛和融资成本更高（靳来群，2015）。韩剑和王静（2012）研究发现国内金融市场的准入限制问题和分割问题对民营企业具有挤出效应，加剧了其融资难题。因此，国有企业的外部融资约束较低，民营企业则更易陷入外部融资困境。此外，针对外资出口企业的融资约束对其贸易利得提升的抑制作用大于民营出口企业的估计结果，一方面是因为在样本时间范围内，中国的外资出口企业中加工贸易企业占比较大，一度达到75%左右（戴觅和余森杰，2014），而加工贸易企业的融资约束往往更大。另一方面，虽然外资企业可以从母公司获得融资支持，但其在中国境内融资受到的法律约束更多，且由于信息不对称，外资企业的社会融资能力也较差，因此其融资约束对其贸易利得提升的抑制作用大于民营企业。

第四节　企业生产率的异质性

企业生产率的差异会影响企业经济利润的大小，生产率越高的企业在出口中越容易获得高额经济利润（Melitz，2003；尹翔硕和陈陶然，2015），进而会提高企业的净资产收益率，缓解其融资约束程度。因此，为深入考察融资约束对中国制造业贸易利得的影响如何受企业生产率的影响，这里按照企业生产率高低将中国制造业的总体样本划分为高、低生产率出口企业分别进行考察。具体地，本书将总体样本的生产率划分为（50% ~ 100%]、（0 ~ 50%]两个区间，分别为高低生产率出口企业分别进行考察，对上述两类子样本的估计结果分别报告在表3-3的第（1）和第（2）列。结果显示，不同生产率出口企业融资约束变量的估计系数均在1%水平下显著为负，但低生产率出口企业的融资约束对其贸易利得提升的抑制作用比高生产率出口企业大。为了稳健起见，这里根据企业的生产率高低构造高生产率出口企业虚拟变量hprodum。进一步地，在基准计量模型式（2.13）的基础上引入高生产率出口企业虚拟变量与融资约束变量的交互项hprodum×FC，对扩展后的模型进行估计，估计结果报告在表3-3第（3）列。不难发现，高生产率出口企业虚拟变量与融资约束变量交互项的估计系数虽显著为负，但其绝对值小于融资约束变量估计系数的绝对值。因此，与高生产率出口制造业企业相比，低生产率出口制造业企业所受的融资约束对其贸易利得提升的抑制作用更大。

表 3-3　基于企业生产率异质性

变量	企业生产率异质性		
	高生产率	低生产率	生产率
	（1）	（2）	（3）
FC	−0.027 *** （−9.36）	−0.030 *** （−10.80）	−0.029 *** （−11.91）
hprodum×FC			−0.008 *** （−6.80）
控制变量	Yes	Yes	Yes
企业固定效应	Yes	Yes	Yes
行业固定效应	Yes	Yes	Yes
省份固定效应	Yes	Yes	Yes
年份固定效应	Yes	Yes	Yes
观测值	284557	284557	569114
组内 R^2	0.168	0.219	0.189

注：括号内的数值为变量系数的 t 统计量或 z 统计量；标准误聚类在企业层面； * 、 * * 、 * * * 分别表示在 10%、5%、1% 的水平下显著。

  这主要是因为低生产率出口制造业企业的经济利润较小，导致其内外源融资约束程度较高，从而难以支付高贸易利得出口产品所需的沉没成本。从现实来看，中国的低生产率出口制造业企业也多集中在贸易利得并不高的低沉没成本的加工贸易企业（戴觅和余淼杰，2014）。

第五节　企业规模的异质性

融资约束会降低企业投资，制约企业规模经济的扩张和企业发展，进而阻碍企业出口利润率的提升（王新，2018）。因此，不同规模制造业企业所面临的融资约束程度可能会不同。为深入考察融资约束对中国制造业贸易利得的影响如何受企业规模的影响，这里按照企业规模将中国制造业的总体样划本分为大型出口企业和中小型出口企业分别进行考察。具体地，本书将对数化的企业资产总额划分为〔50%~100%〕、〔0~50%〕两个区间，分别对应大型企业和中小型企业。对上述两类子样本的估计结果分别报告在表3-4第（1）和第（2）列。结果显示，不同规模出口企业融资约束变量的估计系数均在1%水平下显著为负，但中小型出口企业的融资约束对其贸易利得提升的抑制作用比大型出口企业大。为了稳健起见，这里根据企业规模大小构造大型出口企业虚拟变量ldum。进一步地，在基准计量模型式（2.13）的基础上引入大型出口企业虚拟变量与融资约变量束的交互项ldum×FC，对扩展后的模型进行估计，以检验不同规模制造业企业的融资约束对其贸易利得的异质性影响，估计结果报告在表3-4第（3）列。从估计结果不难发现，大型出口企业虚拟变量与融资约束变量交互项的估计系数虽显著为负，但其绝对值小于融资约束变量估计系数的绝对值。因此，和上述估计结果一致，与大型出口企业相比，中小型出口企业所受的融资约束对其贸易利得提升的抑制作用更大。

表 3-4　基于企业规模异质性

变量	企业规模异质性		
	大型企业	中小企业	企业规模
	（1）	（2）	（3）
FC	−0.015 *** （−6.38）	−0.043 *** （−13.10）	−0.038 *** （−7.75）
ldum×FC			−0.012 *** （−4.26）
控制变量	Yes	Yes	Yes
企业固定效应	Yes	Yes	Yes
行业固定效应	Yes	Yes	Yes
省份固定效应	Yes	Yes	Yes
年份固定效应	Yes	Yes	Yes
观测值	284557	284557	569114
组内 R^2	0.238	0.167	0.215

注：括号内的数值为变量系数的 t 统计量或 z 统计量；标准误聚类在企业层面；＊、＊＊、＊＊＊ 分别表示在 10%、5%、1% 的水平下显著。

由于先天资金不足、投资项目本身问题、经营不善或市场环境等问题导致中小企业的融资约束较高。由于金融管制和国有商业银行长期以来的寡头垄断化发展，我国银行信贷被国有商业银行寡头垄断的金融局面难以打破。长期以来，由于"规模歧视"的存在，我国大部分储蓄存款资金被国有商业银行吸收后主要用于投向大型企业，较少投向规模较小的中小企业。而非银行类金融机构向中小企业提供的贷款比重则更低。因此，"资金不足"目前仍是中国中小企业面临的首要问题，90% 以上的中小企业的贷款需求难以被满足，这会进一步导致中小企业经营业务难以拓展，甚至形成资金匮乏—业绩停滞—信用不足—资金匮乏的恶性循环。因而，一般大规模的制造业企业更容易获得贷款，融资约束更低，而中小制造业企业则一般还需要利用自身的商业信用和社会信用来筹集短期资金需求。

第六节　企业所在区域的异质性

由于地域辽阔，我国东部地区与中西部地区在自然条件、经济环境和文化背景方面存在的差异，造成我国区域发展不平衡，不同区域制造业企业的区域差异明显。阳佳余（2012）研究发现中国东部沿海地区企业融资约束的改善对其出口的作用更强。由于区域经济发展水平的差异，不同区域出口企业的融资约束对其贸易利得的影响可能不同。因此，为深入考察融资约束对中国制造业贸易利得的影响如何受企业所在区域的影响，这里按照企业所在区域将中国制造业的总体样本划分为东部地区出口企业和中西部地区出口企业分别进行考察。对上述两类子样本的估计结果分别报告在表 3-5 第（1）和第（2）列。从估计结果可以看出，东部地区出口企业融资约束变量的估计系数在 1% 水平下显著为负，而中西部地区出口企业融资约束变量的估计系数虽为负，但绝对值比东部地区低 2.23 个百分点且显著性较差。为了稳健起见，这里根据企业所在区域构造东部地区出口企业虚拟变量 eprodum。进一步地，在基准计量模型式（2.13）的基础上引入东部地区出口企业虚拟变量与融资约束变量的交互项 eprodum×FC，对扩展后的模型进行估计，以检验不同区域制造业企业的融资约束对其贸易利得的异质性影响，估计结果报告在表 3-5 第（3）列。不难发现，东部地区出口企业虚拟变量与融资约束变量交互项的估计系数虽显著为负,但其绝对值大于融资约束变量估计系数的绝对值。再次表明,东部地区出口制造业企业的融资约束对其贸易利得提升的抑制作用更大。

表 3-5　基于企业所在区域异质性

变量	企业所在区域异质性		
	东部	中西部	所在区域
	(1)	(2)	(3)
FC	−0.031*** (−14.92)	−0.008** (−1.97)	−0.019*** (−7.15)
edum×FC			−0.134*** (−37.28)
控制变量	Yes	Yes	Yes
企业固定效应	Yes	Yes	Yes
行业固定效应	Yes	Yes	Yes
省份固定效应	Yes	Yes	Yes
年份固定效应	Yes	Yes	Yes
观测值	505528	63586	569114
组内 R^2	0.201	0.188	0.189

　　注:括号内的数值为变量系数的 t 统计量或 z 统计量;标准误聚类在企业层面; *、**、*** 分别表示在 10%、5%、1%的水平下显著。

　　对此可能的解释是中西部地区出口企业较少且中西部地区国有出口企业和大型出口企业占比较高,出口企业融资约束整体小于东部地区,再加上政策倾斜,使中西部地区企业融资约束对其贸易利得的影响效应没有东部地区明显，而东部地区民营中小企业较多，由于民营中小企业风险较高、金融机构的"所有制歧视"和"规模歧视"，企业融资约束对其贸易利得提升的抑制作用更为突出。在此情况下，金融机构除了会根据企业所有制和企业规模设定贷款门槛，也会因处于卖方优势而抬高融资成本。因此，东部地区融资约束对制造业贸易利得提升的抑制作用较大。

第四章　技术创新和成本加成率的作用

本章旨在从实证角度揭示融资约束对中国制造业贸易利得的影响机制，聚焦技术创新与成本加成率的中介作用。企业贸易利得与技术创新、成本加成率紧密相连。企业技术创新通过扩大中间品供给、降低相对价格提升制造业贸易利得，而成本加成率则通过增强定价能力与利润率推动制造业贸易利益增长。然而，融资约束对二者均存在显著的抑制作用：一方面，融资约束会减少研发投入，限制技术创新的广度与持续性，导致中间品供给不足与价格上升；另一方面，融资约束还会抬高边际成本并迫使企业采取"薄利多销"策略，压缩成本加成空间。为验证上述机制，本章构建包含技术创新与成本加成率的中介效应模型，结合生产函数法测度企业成本加成率，采用Heckman两步法控制样本选择偏误，实证检验技术创新与成本加成率在融资约束抑制中国制造业贸易利得提升过程中的中介作用。本章通过揭示"融资约束—创新与加成率—贸易利得"的传导路径，为优化融资环境、提升中国制造业的国际竞争力提供机制层面的经验证据。

第一节　引言

　　由本书第二章理论分析部分可知，企业贸易利得与企业的技术创新和成本加成率正向相关。从企业的技术创新来看，企业的技术创新会增加国内市场上中间投入品的供给种类和总量，并通过市场竞争效应促使国内市场上中间投入品的相对价格下降，降低企业中间投入的成本，进而有利于提升企业贸易利得。从企业的成本加成率来看，企业成本加成率的提高会扩大企业总产出和总投入的比重，提升企业的利润率（李胜旗和毛其淋，2017），最终促使企业贸易利得的提升。而企业的技术创新和成本加成率均受企业融资约束的显著制约。

首先，技术创新对于企业的发展具有核心推动作用，而融资约束会显著抑制企业的技术创新（张杰等，2012；鞠晓生等，2013；诸竹君等，2024）。融资约束程度较高的企业的资金来源数量较少且对内源融资渠道的单一依赖度较高，使企业用于研发（R&D）投入的资金不足，不仅会限制企业技术创新活动范围的开展，也会制约企业技术创新活动的可持续性。尤其是在产品市场竞争较为激烈时，融资约束对企业技术创新的降低作用更加明显（周开国等，2017）。企业技术创新的降低会进一步减少国内市场上中间投入品种类和总量的供给，从而促使国内中间投入品价格提高，国外中间投入品相对价格降低。即融资约束可能会通过技术创新机制降低中国制造业贸易利得。

其次，成本加成率表现为产品价格对产品边际成本的偏离程度，任何影响产品最终价格和边际成本的因素都可能会对成本加成率产生影响。生产技术不变时，融资约束的存在提高了企业融资成本，会进一步提升企业的资本要素成本乃至边际成本。如果产品价格相同，融资约束程度较高的企业的成本加成率会小于融资约束程度较低的企业的成本加成率。此外，融资约束的存在还会逼迫企业为了尽快取得现金流而不断降低产品价格，以采取"薄利多销"的经营策略（李思慧和徐保昌，2018），如果边际成本相同，在非完全竞争市场情形下，融资约束程度较高企业的成本加成率较低。即融资约束可能会通过成本加成率机制降低中国制造业贸易利得。

中国制造业企业尤其是中小制造业企业面临着不同程度的融资约束问题，这对其技术创新投入、成本控制以及在国际市场上获取贸易利得产生了不可忽视的影响。通过深入研究技术创新和成本加成率在其中的作用机制，能够揭示融资约束与中国制造业贸易利得之间更深层的关系，为企业突破融资约束、提升中国制造业贸易利得提供实践指导。本章通过构建中介效应模型，运用中国工业企业数据库和中国海关贸易库的匹配数据，对融资约束抑制中国制造业贸易利得提升的影响机制展开严谨的实证检验。本章研究能够为中国制造业在融资、技术创新以及成本控制等方面提供有价值的实证参考，助力中国制造业在国际市场中获取更多贸易利得，提升国际竞争力。

第二节　中介效应模型

一、模型构建

本书的第二章和第三章全面系统地分析了融资约束对中国制造业贸易利得的影响效应，得出的主要结论是融资约束会稳健显著地抑制中国制造业贸易利得的提升。为进一步深入地考察融资约束与中国制造业贸易利得之间更深层的关系，根据前文的理论分析，本节选择技术创新和成本加成率作为中介变量，并借鉴现有研究的做法，构建以下中介效应模型对融资约束抑制中国制造业贸易利得提升的影响机制进行检验。

$$TG_{fijt} = \alpha_1 + \beta_1 FC_{fijt} + \gamma X_{fijt} + \delta_i + \delta_j + \delta_t + \varepsilon_{fijt} \tag{4.1}$$

$$Innova_{fijt} = \alpha_2 + \beta_2 FC_{fijt} + \gamma_2 X_{fijt} + \delta_f + \delta_i + \delta_j + \delta_t + \varepsilon_{fijt} \tag{4.2}$$

$$Mkp_{fijt} = \alpha_3 + \beta_3 FC_{fijt} + \gamma_3 X_{fijt} + \delta_f + \delta_i + \delta_j + \delta_t + \varepsilon_{fijt} \tag{4.3}$$

$$TG_{fijt} = \alpha_4 + \beta_4 FC_{fijt} + \phi Innova_{fijt} + \varphi Mkp_{fijt} + \gamma_4 X_{fijt} + \delta_f + \delta_i + \delta_j + \delta_t + \varepsilon_{fijt} \tag{4.4}$$

其中，f、i、j、t 分别表示制造业企业、制造业企业所在的行业、制造业企业所在的省份、年份，TG 表示制造业企业 f 在第 t 时期的贸易利得，其数值越大，代表制造业企业 f 在第 t 时期进行国际贸易所获取的真实贸易利益越高，FC 表示制造业企业的融资约束水平，Innova 表示制造业企业 f 在第

t 时期的技术创新，Mkp 表示制造业 f 在第 t 时期的成本加成率，X 表示控制变量集，δ_f、δ_i、δ_j、δ_t 分别表示企业和二分位行业固定效应、省份地区和年份固定效应，ε 表示随机误差项。

二、变量说明

在上述中介效应模型涉及的几个变量中，企业层面制造业贸易利得 TG 以及企业融资约束水平 FC 已经在第二章的变量说明部分进行了详细的解释，在此不再赘述。这里将详细地介绍企业成本加成率和技术创新这两个变量指标的构造。

（一）企业技术创新（Innova）

对于企业的技术创新目前学者们主要从以下两个角度进行评价：技术创新投入与技术创新产出。其中技术创新投入主要包括研发资金投入（研发经费和基础研究投入强度等）、研发人员投入（研发人员和高级职称人员比重等）、研发设备投入（研发设备资产占固定资产比重等）以及研发技术投入（外部技术购买比重等）四个方面。而技术创新产出主要包括经济效应（新产品产值、新产品销售率和新产品市场占有率等）、科研成果（专利授权数和技术获奖水平等）以及产品创新效率（新项目研发时间和产品创新成功率等）三个方面。技术创新投入是企业技术创新活动展开的前提，而技术创新产出是企业技术创新的结果和绩效水平（肖玉兰和吴秋明，2007）。鉴于本部分研究的数据可得性，这里借鉴许和连、成丽红和孙天阳（2017）的做法，采用企业新产品产值在工业总产值中所占的比重来衡量企业的技术创新。

（二）企业成本加成率（Mkp）

成本加成是指产品价格与该产品边际成本之间的差额，成本加成率则代表了产品价格对该产品边际成本的偏离程度，可用来衡量该产品所在的市场中产品所属企业的市场力量（Lerner，1934）。企业成本加成率越高，其定价能力就越强，产品利润就越高以及市场力量就越大。目前关于企业成本加成率的估算方法大体上有三类。一是利用企业财务数据指标简略估计出来进而计算企业成本加成率的会计法（Siotis，2003；盛丹和王永进，2012；钱学锋等，2015）。这种方法虽然较为简便，但却忽视了企业的外部因素如外在冲击等。二是采用产品价格和产品类型等企业微观数据估算得到消费者需求价格弹性来计算企业成本加成率的需求法（Berry et al.，2004）。三是利用企业产出数据并通过企业生产函数来测度企业成本加成率的生产法（De Loecker and Warzynski，2012；余淼杰和袁东，2016；盛斌和陈帅，2017；李宏亮和谢建国，2018；许明，2018；许和连等，2024）。由于会计法和需求法都需要用到价格和边际成本这两个难以统计和获取的指标，因而可能会导致估计结果存在较大偏差的问题，所以目前对企业成本加成率的测算认可度较高和应用较多的是生产函数法和 DLW 法（De Loecker and Warzynski，2012；许和连等，2024）。鉴于以往学者普遍使用生产法，本书也使用了该方法来测度企业的 Mkp。具体地，本书将 Mkp 的表达式设定为如下形式：$Mkp = \theta^{X} (\alpha^{X})^{-1}$，其中 θ^{X} 为可变要素中间投入 X 的产出弹性，$(\alpha^{X})^{-1}$ 为该可变要素中间投入占企业总产值的比例。本书采用结构方程模型来估计企业 Mkp，首先估计出模型中被解释变量的值，接着运用 GMM 对超越对数生产函数进行了参数估计，进而得到了可变要素中间投入 X 的产出弹性，最终得到了企业 Mkp。

（三）其他变量

本章控制变量集共包括以下 8 个控制变量：①企业全要素生产率（produ）；②企业资本密集度（kir）；③赫芬达尔—赫希曼指数（hhi）；④企业加工贸易出口份额（pro_share）；⑤外资企业虚拟变量（fdum）；⑥国有企业虚拟变量（sdum）；⑦企业年龄（age）；⑧企业规模（scale）。以上 8 个控制变量的设定除了企业全要素生产率与第二章控制变量中的企业劳动生产率不同，其余 7 个控制变量的设定与第二章控制变量的设定相同，在此不再赘述。这里采用 OP 法测度企业全要素生产率。

第三节　数据描述

由于 2007 年后的中国工业企业数据库中关于计算企业成本加成率的相关数据并未公布，本章研究所使用的数据主要来自于 2000~2007 年中国工业企业数据库和中国海关贸易库的匹配数据。相关的数据介绍、清洗处理和匹配方法与本书第二章的方法相同，这里只作简述。中国工业企业数据库是国内最大的微观企业样本数据库，其统计调查对象包含了全部国有工业企业和规模以上非国有企业上百条丰富的年度基本信息，由国家统计局对国有工业企业以及规模以上非国有企业的"工业统计报表"整理而成。中国海关贸易数据库则由海关总署对中国每一笔进出口通关的详细记录构成。由于海关贸易数据库中缺乏计算企业融资约束和设定控制变量集所需的财务指标以及企业所属行业分类等关键信息，因此需与工业企业数据库匹配。匹配前本书对以上两套数据分别进行了以下处理：第一，对工业企业原始数据库进行了系统的清洗和处理，并用序贯识别法建立了中国工业企业的面板数据。第二，对海关贸易数据库删除了出口值存在缺失值或为负值的异常样本，并利用海关贸易数据库中的企业名称、企业编码、企业电话号码等信息对企业缺失信息进行了详细的清洗和交互补充。第三，参考 Yu（2015）的三步匹配法，使用企业名称等信息，分以下三步匹配了以上两套数据库。首先，按照企业名称和年份匹配。其次，根据企业邮编和电话后 7 位对第一步剩余样本中的相同企业进行进一步的识别。最后，根据企业邮编和联系人对第二步剩余样本中的相同企业进行最后的识别。此外，本书还对以上匹配后的数据进行了如下处理：第一，重新调整并统一了 4 位数行业代码。第二，剔除了样本中的贸易中间商。此外，本章对制造业企业技术创新指标的构造需要用到中国工业企业数据库中新产品产值这一指标，但是由于中国工业企业数据库并没有对 2004 年的新产品产值这一指标进行相关的统计，也难以找到合适的替代指标，因此这里企业技术创新变量的时间范围未包括 2004 年。表 4-1 为本章各变量的描述性统计特征。

表 4-1 各变量的描述性统计特征

变量	观测值	均值	标准差	最小值	最大值
TG	248721	0.711	0.236	0.001	0.850
FC	248721	0.461	0.155	0	1
Innova	211700	0.056	0.183	0	1
Mkp	248721	1.239	0.291	0.002	4.976
produ	248721	3.282	1.162	−10.808	10.890
kir	248721	3.755	1.343	−5.995	11.189
hhi	248721	0.006	0.026	0	0.971

续表

变量	观测值	均值	标准差	最小值	最大值
pro_share	248721	0.243	0.390	0	1
fdum	248721	0.093	0.291	0	1
sdum	248721	0.064	0.244	0	1
age	248721	9.191	9.771	0	64
scale	248721	10.472	1.463	3.219	18.856

第四节 实证结果与分析

融资约束对中国制造业贸易利得影响机制的检验结果报告在表 4-2 中。其中第（1）列是对基准模型式（2.13）的估计结果，因此该估计结果与表 4-2 第（6）列的估计结果相同。表 4-2 第（2）列报告了式（4.2）以融资约束为解释变量，技术创新为被解释变量的估计结果。考虑到企业是否创新会明显影响到样本选择偏差，本书用 Heckman 两步法来控制潜在的样本选择偏误问题。结果显示，融资约束对技术创新的影响系数显著为负，表明融资约束阻碍了企业的技术创新。如前所述，融资约束减少了企业 R&D 投入等用于技术创新活动的投资资金，使企业技术创新活动范围受限，且难以保证技术创新的可持续性。逆米尔斯比率 IMratio 的估计系数显著说明这里选择 Heckman 两步法控制样本选择偏误问题的合理性。第（3）列报告了式（4.3）以融资约束为解释变量，企业成本加成率为被解释变量的估计结果，可以发现，融资约束显著降低了企业的成本加成率。本书认为可能的原因在于，融资约束的存在提高了企业的边际成本，并逼迫企业采取"薄利多销"的经营策略，进而降低了企业的成本加成率。第（4）~第（6）列报告了式（4.4）以技术创新和成本加成率作为中介变量回归的结果。其中，Innova 的估计系数显著为正，说明企业技术创新的增多有利于促进企业贸易利得的提升。技术创新会增加国内中间投入品的供给种类和供给总量，导致国内外中间投入品的相对平均价格下降，从而促使企业增加对国内中间投入品的使用（李胜旗和毛其淋，2017），最终提高了企业贸易利得。而 Mkp 的估计系数也显著为正，可见成本加成率的提高对企业贸易利得的提升也起到了显著的促进作用。如前所述，企业成本加成率的提高有利于提升企业的利润率水平，进而提高了企业贸易利得。在分别加入 Innova ［第（4）列］和 Mkp ［第（5）列］后，融资约束变量估计系数的绝对值与基准模型的估计结果［表4-2第（1）列］相比有所下降。而在第（6）列同时加入 Innova 和 Mkp 后，融资约束变量估计系数的绝对值与第（5）列相比出现了进一步的下降。这表明融资约束与技术创新和成本加成率的关系会通过技术创新和成本加成率的中介作用影响到制造业企业贸易利得，即技术创新和成本加成率是融资约束抑制中国制造业贸易利得提升的机制。

表4-2　机制分析

变量	TG	Innova	Mkp	TG	TG	TG
	（1）	（2）	（3）	（4）	（5）	（6）
FC	−0.031*** (−15.09)	−0.065** (−14.15)	−0.231** (−20.26)	−0.027*** (−9.54)	−0.026*** (−7.11)	−0.014*** (−5.83)
Innova				0.239** (2.26)		0.714** (2.47)

续表

变量	TG	Innova	Mkp	TG	TG	TG
	(1)	(2)	(3)	(4)	(5)	(6)
Mkp					0.004** (3.17)	0.004** (2.39)
IMratio		1.371*** (49.05)				
控制变量	Yes	Yes	Yes	Yes	Yes	Yes
企业固定效应	Yes	Yes	Yes	Yes	Yes	Yes
行业固定效应	Yes	Yes	Yes	Yes	Yes	Yes
省份固定效应	Yes	Yes	Yes	Yes	Yes	Yes
年份固定效应	Yes	Yes	Yes	Yes	Yes	Yes
观测值	569114	569114	569114	569114	569114	569114
组内 R^2	0.195	0.101	0.101	0.195	0.175	0.187

注：括号内的数值为变量系数的 t 统计量或 z 统计量；标准误聚类在企业层面；＊、＊＊、＊＊＊分别表示在 10%、5%、1%的水平下显著。

第五章　金融市场化的调节效应

本章将深入探讨金融市场化在融资约束抑制中国制造业贸易利得提升过程中的调节效应。如第一章所述，中国的金融市场化进程具有鲜明的特征，利率市场化与影子银行规模扩张尤为突出。本章首先将系统梳理中国金融市场化进程中的利率市场化与影子银行规模扩张；其次从理论层面分析金融市场化如何通过技术创新在融资约束与制造业贸易利得间发挥调节效应；最后从利率市场化与影子银行规模扩张两个维度对金融市场化的调节效应进行实证检验，并从改变贸易利得和融资约束的衡量方法、替换控制变量以及处理内生性问题等多个角度进行稳健性分析。结合理论分析与实证研究，本章旨在揭示金融市场化如何通过影响企业融资约束进而作用于制造业贸易利得，为深入理解中国金融市场化改革的经济效应、缓解中国制造业融资约束、提升中国制造业贸易利得提供新的视角。

第一节　引言

　　自20世纪80年代以来，为更好地服务于市场经济发展，中国在推进经济体制改革的同时，逐步启动了金融市场化改革。中国的金融市场化主要体现在利率市场化和影子银行规模扩张两个方面（战明华和李欢，2018）。利率市场化从放开银行间同业拆借利率到逐步放开存贷款利率管制，每一步都深刻影响着企业融资环境。而影子银行的兴起与发展，虽然在一定程度上满足了企业融资需求，但也带来了监管挑战与潜在风险，其规模扩张成为金融市场不可忽视的现象。利率市场化是中国金融市场化的核心与重点，虽然目前中国的利率市场化改革已完成基本步骤，但仍存在基准利率体系和利率调控体系不完善等问题。不过，利率市场化在优化金融资源配置、缓解企业融资约束方面发挥了积极作用，它使金融机构拥有更多的自主定价权，有利于降低企业融资成本，拓宽企业融资渠道，尤其对高成长型企业和非国有成长型中小企业融资便利性的提升较为显著。影子银行规模扩张是中国金融市场化的另一主要表现。中国影子银行的形成是金融抑制、金融监管不对称、金融机构自我发展等因素共同作用的结果，其为实体经济提供了较大的资金支持力度，但由于较高的融资利率可能会提高企业融资成本，其对企业融资约束的缓解作用存在争议。

因此，金融市场化对企业融资约束的影响较为复杂，金融市场化一方面可能会缓解金融抑制，优化融资体系，拓宽融资渠道，减轻企业融资约束，另一方面也可能会通过非正轨信贷市场等途径加重企业融资约束。其中，利率市场化有利于降低企业融资成本，可能会缓解企业融资约束，影子银行规模扩张不利于降低企业融资成本，可能会加重企业融资约束。由第二章内容可知，融资约束对制造业企业技术创新具有显著的抑制作用。企业技术创新需要大量研发投入，融资约束会限制企业技术创新活动的范围和可持续性，进而阻碍制造业贸易利得的提升。而金融市场化的推进可能会通过技术创新机制调节融资约束对制造业贸易利得提升的抑制作用。

可见，融资约束、金融市场化与中国制造业贸易利得之间存在着紧密而复杂的联系。深入研究这一关系，不仅有助于从理论上丰富金融与贸易领域的研究成果，揭示金融市场化如何通过影响企业融资、技术创新等环节作用于中国制造业贸易利得，还能为中国制造业在金融市场化背景下实现贸易利得提升提供进一步的实践指导。本章围绕中国的金融市场化展开分析，重点探讨利率市场化和影子银行规模扩张的进程、表现、动因及其在融资约束与中国制造业贸易利得之间的调节效应。通过回顾与反思中国的金融市场化改革，以及具体分析利率市场化和影子银行规模扩张这两个维度对企业融资约束和中国制造业贸易利得的不同影响，为政府制定合理的金融政策、完善金融市场体系提供理论和实证依据，助力中国制造业优化融资结构、加大技术创新投入，从而在国际贸易中获取更大的贸易利得，提升国际竞争力。

第二节 中国的金融市场化

金融市场化进程如果落后于经济体制改革进程，经济体制改革和市场经济发展必会受到阻碍。因此，为了更好地服务于经济体制改革和促进经济增长，从 20 世纪 80 年代开始，中国一直在循序渐进地推进金融市场化改革。通过金融市场化改革，中国逐步建立了多层次共同发展和竞争的多元化金融体系，促进了中国金融的深化发展和宏观经济的稳定增长。中国的国情和经济体制状况决定了中国金融市场化的具体进程不同于其他国家。总体来看，中国的金融市场化有两个主要表现，分别是利率市场化和影子银行规模扩张。

一、利率市场化

结合中国的国情和经济体制状况，中国的金融市场化改革采取了事实求是、因地制宜的渐进改革模式，具有政府主导和推动的稳健性特征，且主要以利率市场化为中心进行了一系列的改革与创新。利率通常指名义利率，简单来说是在一定时期内利息额与本金额的比率，是货币需求最重要的机会成本。利率是所有国家宏观经济调控的重要工具，关乎着货币政策的传导效果、整个社会的资金供求规模和预期的通货膨胀率，因此，利率体系往往是一国金融市场的基础网络，复杂多样且具有较强的关联性。根据 Shaw

（1973）以及 Mckinnonn（1973）的研究理论，在发展中国家，金融市场化改革之前，名义利率被管制，再加上高水平的通胀，其实际利率往往大幅低于市场出清水平且多为负，进而抑制了发展中国家的储蓄和投资水平及效率，阻碍了发展中国家的经济增长。彼时的金融市场化也主要指利率自由化，重要内容就是消除或放松利率管制，以保证资本市场在资金价格机制的作用下出清，降低资本市场扭曲及危害。后来在利率市场化的基础上，金融市场化逐扩展至国内金融机构市场化、证券市场自由化、国际金融机构市场化等。因此利率市场化改革往往被视为发展中国家金融市场化改革的核心，在中国亦是如此，且在中国，利率市场化改革不仅是金融市场化改革的核心，也是其重中之重。

利率市场化指货币市场融资的利率决策权由金融机构根据自身资金状况和市场动向决定（即由市场供求决定），在此基础上，建立合理的利率结构和传导机制以及市场化的调控机制。在改革开放之前，中国对利率管制较为严格，利率无法真实反映资金的供需。改革开放之后，中国开始不断推动经济体制改革，金融市场化水平得以不断加深。国家对利率的管制也开始充分考虑资金市场的供需状况和宏观调控的需求。到 20 世纪 90 年代之后，中国开始加快了以利率市场化改革为核心的金融市场化改革。中国的利率市场化改革正式始于 1996 年 6 月 1 日央行放开银行间同业拆借利率，并沿着"外币先于本币、贷款先于存款、长期先于短期、大额先于小额"的路线稳步推进。中国利率市场化改革的主要内容包括逐步放开存贷款利率管制，充分发挥货币市场在利率形成和调控中的作用，赋予金融机构自主定价利率权，建立利率定价机制，提高利率在资本市场中的有效性等。经过逐步放松利率波动幅度限制，中国已于 2013 年全面放开贷款利率上下限，即中国已初步完成贷款利率市场化改革，并于 2015 年全面放开存款利率上下限，即中国也已初步完成存款利率市场化改革（周小川，2015）。目前中国有关利率的绝大部分显性管制都已经被解除，并正在完善基准利率体系和利率调控机制。

在利率市场化改革之前，金融机构尤其是银行业金融机构对利率自主定价的能力受限，其不能根据货币市场的供需灵活决定利率高低。为遵循相关管制或追求稳定收益，金融机构在为企业提供融资时易有保守性、倾向性、趋同性和歧视性，不仅会造成部分企业如低杠杆企业的融资成本过高，还会使部分企业如初创企业和中小企业的融资难度增加。通过利率市场化改革，利率浮动的弹性变大，金融机构对利率拥有更多的自主定价权，其业务经营也变得更有活力。金融机构可以根据企业情况和自身的盈利需求灵活决定利率高低，使企业的融资成本降低。此外，利率市场化还会促进金融机构的综合化经营，提高证券市场的规范化水平，进而推动企业通过证券市场进行融资，从而拓宽企业融资渠道。张东奎（2012）采用韩国和日本等国家的数据研究发现利率市场化拓宽了企业的融资渠道，降低了大型企业对银行融资的依赖性，银行不得不加大力度开发之前不被重视的中小企业市场，从而缓解了中小企业的融资约束。总体来看，利率市场化可以优化资金配置，进而有利于增加金融机构尤其是银行业金融机构可贷资金的供给，扩大企业信贷融资的来源数量，降低企业融资成本，最终有利于缓解企业融资约束（纪洋等，2015）。尤其是对于高成长型企业来说，更有可能率先获得利率市场化带来的融资便利性（林毅夫，2001）。胡晖和张璐（2015）利用欧拉方程投资模型研究也发现中国的利率市场化对非国有高成长型中小企业的融资约束起到了一定的缓解作用。代凯和邱晴（2019）采用中国 2002～2018 年上市公司数据研究发现利率市场化对非国有企业融资约束问题的缓解作用更加明显。

截至目前，虽然中国已初步完成存贷款利率市场化改革的基本步骤，但中国金融市场的利率与成熟金融市场的利率差距仍较大。原因在于中国的存贷款利率只是已完成市场化改革的基本步骤，却并未真正实现市场化，主要表现为中国的利率体系仍然存在"两轨"制特征:一是存款利率仍围绕央行公布的基准利率上下浮动;二是货币市场利率如银行间拆借利率、政府债利率、公司债利率和回购利率等取决于货币市场供需。即存款利率并未完全市场化与货币市场利率已完全市场化的现象并存,二者分别对应信贷市场和货币市场。由于我国金融系统的机制性和结构性扭曲一时难以消除,基准利率体系仍未完全建立并形成有效的传导机制,银行等金融机构通过市场化利率融资的比例不高,使其融资成本与市场化下利率的关联度不高。因此,存款基准利率虽然政策调控的效果长期滞后,但仍有其存在的重要价值,当前阶段并不能"一刀切"地完全取消存款基准利率,唯有稳妥推进利率体系的"两轨合一"进程。稳妥推进并深化和完成利率体系的"两轨合一"进程是当前我国深化利率市场化改革的重要任务。为此,近年来央行先后多次提出并强调继续深化利率尤其是存款利率的市场化改革,加大实现利率"两轨合一"的力度,降低中小企业的实际融资利率,支持实体经济发展。

利率体系"两轨"制问题存在的同时,中国的利率市场化还存在基准利率体系和利率调控体系不完善以及金融机构定价能力薄弱等问题。基准利率体系是指客观反映货币市场资金供需,在金融系统中和市场化利率体系中发挥核心作用的利率体系,具有市场性、可控性、关联性和传导性等基本属性。由于上述利率体系的"两轨"制问题,中国的基准利率体系也存在着政策基准利率的"两轨"制现象,即存贷款基准利率与货币市场公开市场操作基准利率并存的局面。并且,中国的基准利率体系在货币基准利率方面还存在着多重均衡的现象。虽然国家在 2007 年已正式推出上海银行之间同业拆放利率(SHIBOR),但目前中国基准利率体系中的货币市场利率在银行间市场和交易所市场同时存在着不同期限和不同影响的多种货币市场均衡利率,如中国银行间同业拆借利率(CHIBOR)和银行间质押回购利率(REPOR)等,且有实证研究表明 REPOR 的基准性可能更高(刘东海和蔡喜洋,

2018)。此外，目前中国基准利率体系中政府债券的收益率较低，期限结构不平衡，短期（3个月至2年）政府债券的种类较少，长期政府债券的收益率过度依赖利率变动，造成政府债券的交易率低下且基准性不足，从而制约了政府债券有效性的发挥。总体来看，由于历史上的体制因素，中国基准利率体系的现象和问题均较为复杂。上述问题进一步导致了中国利率调控体系的不完善。在中国的利率调控体系中，政策利率的标准还不够明确，且政策利率与市场利率之间的传导效率较低，不利于宏观调控、社会融资和宏观经济发展。最后，金融机构尤其是地方法人金融机构定价能力薄弱也是阻碍中国利率市场化进程的主要因素之一。利率市场化下存贷款利率浮动的上下限放开，要求银行等金融机构具有对利率的自主定价能力和利率市场化下的风险管理能力。而长期的利率管制使金融机构一时难以适应利率市场化的自主定价和风险管理要求，从而限制了市场化利率效果的发挥。

二、影子银行规模扩张

2007年的美联储年度会议上，影子银行概念被首次提出，当时影子银行指在美国存在的一种利用证券化银行贷款进行信用扩张的信贷关系，它虽然具有传统银行的部分功能却不具有传统银行的组织构架，具有隐蔽性、脆弱性和传染性等基础特征，故被称为"影子银行"。根据金融稳定理事会（FSB）在2014年对不同国家和地区影子银行的调研，由于经济发展阶段、金融市场结构以及金融监管程度等因素的差异，不同国家和地区对影子银行内涵和外延的界定大有不同。即使在同一个国家和地区，研究的视角不同，关于影子银行的界定也可能会不同。在此情形下，影子银行的统一概念便很难被定义。而在我国对影子银行进行宽泛性描述的官方文件——《关于加强影子银行监管有关问题的通知》[1] 中，影子银行被界定为无金融牌照且完全脱离监管的信用中介（如第三方理财机构和网络金融公司等）、无金融牌照但监管不足的信用中介（如担保公司和小额贷公司等）和有金融牌照却规避监管的业务（部分理财业务和基金业务以及资产证券化等）三大类。

中国影子银行的形成和存在是中国金融市场化进程中国家对金融创新和金融服务等严格管制、金融监管不对称、金融机构通过资产配置进行自我发展共同作用的结果。在这三种因素的作用下，中国的非正规金融部门即影子银行规模快速扩张。首先，从金融管制来看，一方面，虽然中国的金融市场化改革在利率市场化方面取得了很大成就，但在金融产品和工具的开发创新方面仍存在着比较严格的管制，使金融机构不仅难以发展更加多元化的金融服务，而且难以准确地对金融产品和工具进行风险定价（战明华和李欢，2018）。为规避金融管控，再加上利率"两轨"制的影响，部分金融机构只能发展影子银行业务。例如，利率市场化改革加剧了银行业的竞争，银行为了吸收存款和增加贷款而收窄净息差，最后不得不增加经营业务以应对"负债荒"和拓宽收益渠道，进而衍生出了影子银行。另一方面，通过利率市场化改革，存贷款利率的上下限虽已被放开，但信贷额度和信贷流向的管控依然存在，进而也会衍生出影子银行需求。其次，从金融监管的不对称来看，分业监管的存在导致部分影子银行监管存在缺位和漏洞。例如，对商业银行表外信贷业务监管的缺位为影子银行套利创造了条件。再如，随着民间资本的发展，民间借贷对经济发展的作用不断上升，但民间借贷的利率却难以监控。最后，从金融机构通过资产配置进行自我发展来看，一方面，银行类金融机构需要通过影子银行寻求优质资产与理财业务进行对接。另一方面，由于投资范围受限，银行类金融机构需通过资管通道和同业链条等来突破自身的投资范围，从而衍生出了影子银行需求。此外，出于对风险和交易成本的

---

[1] 　详见中国政府网：http://www.gov.cn/gzdt/2013-107.htm。

考虑，银行类金融机构贷款门槛较高，而非银行类金融机构（保险机构、信托机构、租赁机构、证券机构、基金管理机构、典当行等）的融资门槛相对较低且资产配置方式更加灵活多样，那些无法从银行类金融机构获得融资的企业尤其是中小企业不得不转向通过非银行类金融机构筹集资金，使非银行类金融机构贷款规模不断扩大，客观上也加速了影子银行的衍生。以上三部分构成了中国广义上的影子银行体系，即银行理财产品、民间借贷以及非银行类金融机构贷款产品。

原中国银监会曾在2012年年报中明确中国影子银行业务不包括被监管的信托公司、集团财务公司、金融租赁公司、货币经纪公司、消费金融公司和汽车金融公司这六大非银行类金融机构及其业务以及商业银行理财等表外业务。因此，政府明文确定的影子银行只是狭义上的影子银行。穆迪机构将中国影子银行的核心部分定义为委托贷款、信托贷款和未贴现银行承兑汇票三大内容。近年来，中国影子银行规模不断扩张，成为中国金融市场化的第二大主要表现和突出特征。随着中国影子银行的发展，其对实体经济的支持力度不断加大，已成为传统银行信贷的重要补充。但目前关于影子银行对企业融资行为影响的研究较少。Simsek（2013）研究发现，作为一种金融创新，影子银行通过扩大投资总量和生成新投资客观鼓励了企业的借贷行为。中国影子银行的发展客观上丰富了金融产品和工具，降低了企业尤其是中小企业对信贷资源获取的难度，增加了信贷资金供给，拓宽了企业融资渠道。殷剑峰和王增武（2013）研究认为中国的影子银行通过金融工具创新增加了流动性支持和信用供给，有利于缓解企业融资约束。然而，由于影子银行的融资利率一般高于正规银行类金融机构，通过影子银行融资可能会增加企业的融资成本。并且，过高的融资成本会迫使部分企业放弃影子银行融资，导致部分影子银行退出市场，甚至增大了系统性金融风险。总体来看，关于中国影子银行对企业融资约束的影响是充满争议性的，在不同的研究视角下可能会得出不同的结果。

第三节　理论分析

　　融资约束是制约中国企业长期发展的重要因素（盛丹和王永进，2014），主要原因不仅在于企业自身缺陷因素如企业生产率、企业规模或技术创新等，也在于外部因素如外部世界经济形势、国内宏观经济环境、金融市场化程度、金融制度和金融政策、社会信用体系等。正如第一章所阐述的，金融市场的不完全有效性会使企业遭受融资约束问题，而金融市场化的推进可能会优化融资体系，影响企业的外部融资环境和融资成本，进而影响企业的融资约束。一方面，金融市场化可能会缓解金融抑制，促进金融发展，减轻金融市场中的逆向选择、道德风险和不对称信息等问题，提高金融资源配置效率，有利于拓宽企业的融资渠道，缓解企业的融资约束。另一方面，金融市场化也可能会通过金融约束、非正轨信贷市场正轨化、加剧融资需求竞争等途径来加重企业的融资约束。从中国的金融市场化来看，虽然多数研究从不同视角研究发现金融市场化有利于促进企业融资环境的优化，利率市场化有利于降低企业的融资成本，进而缓解企业的融资约束，同时中国的影子银行规模扩张虽然拓宽了企业的融资渠道，但却可能会提高企业的融资成本，进而不利于企业融资约束的缓解。而金融市场化对企业融资约束的作用可能会进一步传导至融资约束对制造业贸易利得提升的抑制作用上。

　　由前文可知，融资约束对制造业企业技术创新具有显著的抑制作用。企业技术创新的投资策略往往会受融资约束的限制（Tiwar et al.，2007）。尤其是对中小型高科技企业来说，技术创新资金严重匮乏，且根据相关调查，资金匮乏是制约中关村一半以上中小型高科技企业长期发展的首要因素。Savignac（2008）采用法国企业数据研究发现融资约束会显著降低企业技术创新的投入水平，且降幅约 22.3%。扈文秀等（2009）采用西安经济开发区企业的数据研究发现企业对技术创新活动的投资概率与其融资约束负相关。企业技术创新尤其是自主创新需要大量的研发投入，而这部分研发投入离不开大量的经费支持。融资约束的存在往往会抑制企业技术创新的提升（张杰等，2012；诸竹君等，2024）。高融资约束企业的资金来源数量少且对内源融资渠道的单一依赖度高，使其缺乏大量稳定可靠的资金来投资研发，这不仅会限制企业技术创新活动范围的展开，也会制约企业技术创新活动的可持续性（张杰等，2012；鞠晓生等，2013）。且企业技术创新活动的高资金、高风险、高失败率、高不确定性收益、低变现率以及长周期导致的高调整成本使技术创新投资对内部融资现金流的敏感性更强，对外部融资较难获得，因而所受的融资约束比实物资本投资更高（周开国等，2017）。企业技术创新活动的前期需大量投资，成本较高，只靠企业内部资金周转获得融资难以满足投资需求，最终使企业的技术创新投入往往受限。此时，也要靠充足的外源融资来作为补充以保证技术创新活动的可持续性（鞠晓生等，2013；诸竹君等，2024）。且由于研发商业机密导致信息不对称度较高，企业的技术创新活动易引致道德风险问题，进一步加重了企业技术创新活动的融资难度。因此，综合来看，企业的融资约束越严重，其技术创新越低。技术创新会增加国内中间投入品的供给种类和供给数量，并通过市场竞争降低国内中间投入品的相对平均价格，提升企业出口国内增加值（李胜旗和毛其淋，2017），最终有利于提升制造业贸易利得。此外，技术创新还会通过提升企业生产率降低企业边际成本，并通过扩大企业市场势力降低消费者对其产品的需求价格弹性，进而提高企业成本加成，提升企业出口国内增加值（刘啟仁和黄建忠，2016；诸竹君等，2017；卜文超和蒋殿春，2024），最终有利于提升制造业贸易利得。

根据发展经济学的相关研究，一国或一地区的金融发展程度决定该国企业的外源融资状况，金融市场化可以拓宽一国或一地区企业的外源融资渠道（Rajan and Zingales，1998）。低发展程度和低效率的金融市场会导致金融资源错配，不利于企业的融资，进而会阻碍企业技术创新活动的开展（战明华，2013）。由此可见，金融市场的不发达可能会导致企业的技术创新活动受融资约束，进而抑制企业技术创新的提升，长期来看，也不利于企业的长期发展。随着金融市场化的推进，企业可能会从更多渠道获得更多可贷资金，资产配置也会得到改善，有利于缓解自身的融资约束。随着金融市场化的推进，银行也会通过科技贷款增加对企业技术创新的放贷意愿，进一步可降低企业的非效率投资，促进企业增加技术创新投入，缓解企业技术创新的融资约束，提升企业的技术创新，最终有利于提升制造业贸易利得。然而，随着金融市场化的推进，企业也可能会由于融资成本的提高，减少自身的技术创新投入，最终不利于制造业贸易利得的提升。

第四节　调节效应模型

一、模型构建

根据前文所述，企业的融资约束深受金融市场化程度的影响，为了检验融资约束对中国制造业贸易利得的影响如何受金融市场化程度的制约，本书在基准计量模型式（2.13）的基础上引入金融市场化变量以及融资约束与金融市场化的交互项，得到如下调节效应模型：

$$TG_{fijt} = \alpha + \beta_1 FC_{fijt} + \beta_2 FC_{fijt} \times FL_{fijt} + \beta_3 FL_{fijt} + \gamma X_{fijt} + \delta_f + \delta_i + \delta_j + \delta_t + \varepsilon_{fijt} \qquad (5.1)$$

其中，f、i、j、t 分别表示制造业企业、制造业企业所在的行业、制造业企业所在的省份、年份，TG 表示制造业企业 f 在第 t 时期的贸易利得，其数值越大，代表制造业企业 f 在第 t 时期进行国际贸易所获取的真实贸易利益越高，FC 表示制造业企业的融资约束水平，FL 为金融市场化，根据前文所述，本书主要使用利率市场化水平（IRL）和影子银行规模（SBS）两个指标来衡量金融市场化水平（其中 IRL 越小，代表利率市场化水平越高；SBS 越大，代表影子银行规模越大），X 为控制变量集。δ_f、δ_i、δ_j、δ_t 分别代表企业固定效应、二分位行业固定效应、省份地区固定效应和年份固定效应，ε 为随机误差项。该模型中最需关注的是交互项 FC×FL，其估计系数 β_2 代表了融资约束与金融市场化对企业贸易利得的交互影响效应。

二、变量说明

在上述调节效应模型涉及的几个变量中，制造业贸易利得 TG 以及融资约束水平 FC 这两个变量已经在第二章的变量说明部分进行了详细的解释，在此不再赘述。这里将详细介绍金融市场化两个维度的变量即利率市场化水平 FL 和影子银行规模扩张 SBS 这两个变量指标的构造过程。

（一）利率市场化（FL）

目前，关于利率市场化水平的衡量方法有两类：第一类是按照中国利率市场化改革历程，对存贷款利率受管制情况进行阶段划分，不同阶段内的存贷款利率受管制情况不同，然后用各个阶段内的存款利率、贷款利率或央行票据利率等利率指标作为利率市场化的代理变量（王东静和张祥建，2007；

蒋海等，2018）。第二类是确定存款利率、贷款利率、债券利率等利率指标的权重，并根据不同指标的受管制度对指标权重进行赋值来构建利率市场化变量（王舒军和彭建刚，2014）。以上两种方法虽然结合了中国长期存在的"利率双轨制"这一历史因素，但其运用的利率市场化水平的代理指标并不具有公认的代表性。现实中，利率市场化水平越高，信贷供给的波动对均衡贷款波动的影响越大。因此，笔者选取1月期银行间同业拆借利率的加权平均值作为解释变量，央行每年公布的金融机构各项贷款余额作为被解释变量（y）建立回归方程，利用回归得到的残差e，通过计算 $|$（e-e 的均值）/（y-y的均值）$|$ 来代表利率市场化水平。

（二）影子银行规模扩张（SBS）

作为一种为规避传统银行业监管体系而产生的金融创新和信用中介，中国的影子银行产品主要包括委托贷款和信托贷款等非银行类金融机构贷款产品、互联网金融、银行理财产品和民间借贷等。由于影子银行的资金流向往往具有隐蔽性和不可测性，中国目前没有对影子银行体系发展的相关数据进行系统统计和公开披露。本书参照战明华和李欢（2018）的做法，根据穆迪发布的《中国影子银行季度监测报告》中对中国影子银行体系"核心"部分的定义测度了中国每年的影子银行规模，即影子银行规模等于社会融资规模中的信托贷款、委托贷款与未贴现银行承兑汇票之和。

（三）其他变量

本章控制变量集共包括以下8个控制变量：①企业劳动生产率（produ）；②企业资本密集度（kir）；③赫芬达尔—赫希曼指数（hhi）；④企业加工贸易出口份额（pro_share）；⑤外资企业虚拟变量（fdum）；⑥国有企业虚拟变量（sdum）；⑦企业年龄（age）；⑧企业规模（scale）。以上控制变量的设定方法与第二章中控制变量的设定方法相同,这里不再赘述。

第五节 数据描述

本章研究所使用的数据主要包括以下三个:第一,2000~2013 年中国工业企业数据库和中国海关贸易库的匹配数据。相关的数据介绍、清洗处理和匹配方法与第二章的方法相同,这里只作简述。中国工业企业数据库是国内最大的微观企业样本数据库,其统计调查对象包含了全部国有工业企业和规模以上非国有企业上百条丰富的年度基本信息,由国家统计局对国有工业企业以及规模以上非国有企业的"工业统计报表"整理而成。中国海关贸易数据库则由海关总署对中国每一笔进出口通关的详细记录构成。由于海关贸易数据库中缺乏计算企业融资约束和设定控制变量集所需的财务指标以及企业所属行业分类等关键信息,因此需与工业企业数据库匹配。匹配前本书对以上两套数据分别进行了以下处理:对工业企业原始数据库进行了系统的清洗和处理,并用序贯识别法建立了中国工业企业的面板数据;对海关贸易数据库删除了出口值存在缺失值或为负值的异常样本,并利用海关贸易数据库中的企业名称、企业编码、企业电话号码等信息对企业缺失信息进行了详细的清洗和交互补充。参考 Yu(2015)的三步匹配法,使用企业名称等信息,分以下三步匹配了以上两套数据库。首先,按照企业名称和年份匹配。其次,根据企业邮编和电话后 7 位对第一步剩余样本中的相同企业进行进一步的识别。最后,根据企业邮编和联系人对第二步剩余样本中的相同企业进行最终的识别。此外,本书还对以上匹配后的数据进行了如下处理:首先,重新调整并统一了 4 位数行业代码;其次,剔除了样本中的贸易中间商。第

二，2000~2013 年中国人民银行公布的 1 月期银行间同业拆借利率
（IBO1M）①。银行间同业拆借利率是指在银行间同业拆借市场上使用的在一
定程度上能反映货币资金供需的利率，具有一定的代表性和权威性。由于央
行公布的 1 月期银行间同业拆借利率只有月度数据，这里对月度同业拆借加
权利率按交易量进行加权平均得到了年度 1 月期银行间同业拆借加权利率。
第三，2002~2013 年中国人民银行公布的社会融资规模②。社会融资规模是
一个增量概念，指在一定时期内（月度、季度或年度）实体经济从整体金融
体系中获得的全部资金总额。在获得社会融资规模数据后，这里根据上文对
核心影子银行的定义测度了年度核心影子银行规模，并对其进行了对数化处
理。由于央行没有公布 2002 年之前的社会融资规模，因此本章影子银行规
模的时间跨度为 2002~2013 年。各变量的描述性统计特征如表 5-1 所示。

表 5-1　各变量的描述性统计特征

变量	观测值	均值	标准差	最小值	最大值
TG	569114	0.741	0.210	0.001	0.850
FC	569114	0.470	0.164	0	1
IRL	569114	1.418	1.654	0.099	5.671
SBS	539599	13.344	13.131	0.606	43.913
produ	569114	5.589	1.043	−1.359	15.347
kir	569114	3.818	1.415	−6.265	13.957
hhi	569114	0.006	0.029	0	0.972
pro_share	569114	0.193	0.361	0	1
fdum	569114	0.160	0.366	0	1

①②　资料来源于中国人民银行网站：http：//www.pbc.gov.cn/diaochatongjisi/116219/index.html。

续表

变量	观测值	均值	标准差	最小值	最大值
sdum	569114	0.046	0.209	0	1
age	569114	9.699	8.572	0	64
scale	569114	10.728	1.480	3.219	19.138

第六节　金融市场化的调节效应

表5-2为加入融资约束与金融市场化交互项后的式（5.1）的回归结果。其中，第（1）和第（2）列为加入融资约束与利率市场化交互项FC×IRL后的回归结果。为了保证估计结果的稳健性，第（1）列仅控制了企业固定效应和年份固定效应，并加入了各个控制变量，第（2）列进一步控制了行业固定效应，结果均显示，交互项FC×IRL的估计系数显著为负，表明利率市场化缓解了融资约束对中国制造业贸易利得提升的抑制作用。随着利率市场化进程的推进，银行之间的竞争会降低企业的信贷融资门槛和成本，并增加可贷资金的供给，进而有利于缓解企业的融资约束程度。王东静和张祥建（2007）对我国2004年央行放开贷款利率上限的影响进行研究，结果同样表明利率市场化有利于缓解企业的融资约束状况。

第（3）和第（4）列为加入融资约束与影子银行规模交互项FC×SBS后的回归结果。为了保证估计结果的稳健性，第（3）列仅控制了企业固定效应和年份固定效应，并加入了各个控制变量，第（4）列进一步加入了行业固定效应，结果发现交互项FC×SBS的估计系数均显著为负，表明影子银行规模的扩张并未缓解融资约束对中国制造业贸易利得提升的抑制作用，甚至加重了融资约束对中国制造业贸易利得提升的抑制作用。造成这种情况的原因一方面是影子银行规模的扩张本身是企业短期流动性资产不足的一种体现；另一方面，影子银行融资的门槛相对较低，而融资成本也相对较高，虽然拓宽了企业的融资工具和融资渠道，增加了可贷资金来源量，但却提高了企业的融资成本。如果以过高的成本获取资金则无异于"饮鸩止渴"，并不能使企业获得长期稳定的投资资金。

表5-2　金融市场化的调节效应

变量	TG_2	TG_2	TG	2SLS
	（1）	（2）	（3）	（4）
FC	-0.027***	-0.027***	-0.002*	-0.002*
	（-10.56）	（-10.45）	（-1.83）	（-1.87）
FC×IRL	-0.001*	-0.001*		
	（-1.76）	（-1.77）		
IRL	-0.722***	-0.723***		
	（-37.05）	（-37.11）		
FC×SBS			-0.001***	-0.001***
			（-13.44）	（-13.43）
SBS			0.001***	0.001***
			（30.91）	（30.74）
控制变量	Yes	Yes	Yes	Yes
企业固定效应	Yes	Yes	Yes	Yes
行业固定效应	No	Yes	No	Yes
省份固定效应	Yes	Yes	Yes	Yes
年份固定效应	Yes	Yes	Yes	Yes

续表

变量	TG_2	TG_2	TG	2SLS
	(1)	(2)	(3)	(4)
观测值	569114	569114	569114	569114
组内 R^2	0.205	0.205	0.190	0.190

注：括号内的数值为变量系数的 t 统计量或 z 统计量；标准误聚类在企业层面；＊、＊＊、＊＊＊
分别表示在 10%、5%、1%的水平下显著。

第七节 稳健性分析

一、改变贸易利得的衡量方法

前文在测度贸易利得时，使用了企业总产值减去出口交货值衡量企业的
国内销售额。为了检验主要估计结果的稳健性，这里采用企业总产值减去出
口额来衡量企业国内销售额，重新测度企业层面的中国制造业贸易利得，用
TG_2 表示，对加入金融市场化后的计量模型式（5.1）进行重新估计。表 5-
3 第（3）和第（4）列是以贸易利得 TG_2 为因变量的估计结果。由第（3）
列的估计结果可以看出，融资约束变量与利率市场化变量交互项 FC×IRL 的
估计系数显著为负，这说明金融市场化进程中的利率市场化有利于改善中国
制造业企业的融资约束状况，进而降低企业融资约束对其贸易利得的负向影
响。由第（4）列的估计结果可以看出，融资约束变量与影子银行规模变量

交互项 FC×SBS 的估计系数显著为负，这说明金融市场化进程中影子银行规模的扩张表现为加重了融资约束对中国制造业贸易利得提升的抑制作用。即上文的主要结论不随贸易利得测量方法的不同而改变。

二、改变融资约束的衡量方法

前文采用了由企业的外源融资能力、内源融资能力、投资机会与营利能力、商业信用共同构造的综合指标来衡量制造业企业的融资约束。为了检验主要估计结果的稳健性，这里采用 Hadlock 和 Pierce（2010）提出的 SA 指数法重新构造制造业企业的融资约束指标，用 FC_2 表示。SA 指数法是根据企业的财务信息将不同的企业区分为五个级别的融资约束类型，其计算公式如下所示：$FC_2 = -0.737 \times size + 0.043 \times size^2 - 0.04 \times age$。其中，size 是用对数化的企业资产总额表示的企业规模，age 为企业年龄。SA 指数的结果越大，企业的融资约束越大。表 5-3 第（1）和第（2）列是以 SA 指数刻画企业融资约束的估计结果。由估计结果不难发现，融资约束对中国制造业贸易利得的负向影响仍稳健显著，且融资约束变量 FC_2 与金融市场化变量交互项估计系数的符号仍不改变。其中，由第（1）列的估计结果可以看出，融资约束变量 FC_2 与利率市场化变量交互项 $FC_2 \times IRL$ 的估计系数仍显著为负，说明金融市场化进程中的利率市场化仍表现为有利于改善制造业企业的融资约束状况，进而降低企业融资约束对其贸易利得的负向影响。由第（2）列的估计结果可以看出，融资约束变量 FC_2 与影子银行规模变量交互项 $FC_2 \times SBS$ 的估计系数仍显著为负，说明金融市场化进程中影子银行规模的扩张仍表现为加重了融资约束对中国制造业贸易利得提升的抑制作用。即上文的主要结论不随融资约束测量方法的不同而改变。

表 5-3　稳健性检验一

变量	TG	TG	TG$_2$	TG$_2$
	（1）	（2）	（3）	（4）
FC			−0.031 *** (−9.08)	−0.013 *** (−3.56)
FC×IRL			−0.001 * (−1.94)	
FC×SBS				−0.001 *** (−11.09)
FC$_2$	−0.137 *** (−5.24)	−0.028 (−1.08)		
FC$_2$×IRL	−0.004 *** (−7.12)			
FC$_2$×SBS		−0.001 *** (−18.31)		
IRL	−0.700 *** (−37.06)		−0.829 *** (−36.28)	
SBS		0.001 *** (36.04)		0.002 *** (29.57)
控制变量	Yes	Yes	Yes	Yes
企业固定效应	Yes	Yes	Yes	Yes
行业固定效应	Yes	Yes	Yes	Yes
省份固定效应	Yes	Yes	Yes	Yes
年份固定效应	Yes	Yes	Yes	Yes
观测值	569114	569114	569114	569114
组内 R^2	0.209	0.194	0.229	0.198

注：括号内的数值为变量系数的 t 统计量或 z 统计量；标准误聚类在企业层面；*、**、***分别表示在 10%、5%、1% 的水平下显著。

三、改变控制变量企业生产率的测量方法

由于中国工业企业数据库指标的限制，前文在测量制造业企业生产率时采用了劳动生产率，为了检验主要估计结果的稳健性，本书参考余淼杰等（2018）方法测度了 2000~2007 年以及 2011~2013 年制造业企业的全要素生产率以进行稳健性检验。由于 2008~2010 年的工业企业数据缺乏计算资本存量所需的固定资产原价和固定资产净值年均余额，本书没有对该时段的全要素生产率进行估算。2011~2013 年的工业企业数据缺乏工业增加值和中间投入的指标，本书根据余淼杰等（2018）的做法，利用中间投入与工业总产值、工资和累计折旧之间的关系[①]得到。进而本书使用 OP 方法（Olley and Pakes，1996）估算得到了制造业企业的全要素生产率，并用这一新估算到的全要素生产率替换劳动生产率对加入金融市场化调节效应后的扩展模型式（5.1）重新进行了估计，结果如表 5-4 所示。由估计结果可以看出，第（1）列融资约束变量与利率市场化变量交互项 FC×IRL 以及第（2）列融资约束变量与影子银行规模变量交互项 FC×SBS 的估计系数的显著水平及符号均不改变，即估计结果显示改变生产率测度方法后的主要结论与前文一致。

表 5-4 稳健性检验二

TG	（1）	（2）
FC	−0.024*** （−7.73）	−0.006** （−2.36）
FC×IRL	−0.002** （−2.22）	

---

① 中间投入值＝工业总产值×销售成本/销售收入−应付工资薪酬−累计折旧。

续表

TG	(1)	(2)
FC×SBS		-0.001^{***} (-13.27)
IRL	-0.940^{***} (-39.33)	
SBS		0.001^{***} (33.30)
控制变量	Yes	Yes
企业固定效应	Yes	Yes
行业固定效应	Yes	Yes
省份固定效应	Yes	Yes
年份固定效应	Yes	Yes
观测值	569114	569114
组内 R^2	0.209	0.194

注：括号内的数值为变量系数的 t 统计量或 z 统计量；标准误聚类在企业层面；*、**、***分别表示在 10%、5%、1%的水平下显著。

四、内生性问题的处理

Minetti 和 Zhu（2010）采用意大利企业的数据对金融因素与贸易行为的关系进行研究时发现，两者之间可能会存在一定的内生性问题。虽然在前面的实证回归中对企业、省份地区、行业以及年份固定效应的控制已经在很大程度减轻了由可能的遗漏变量引起的潜在的内生性问题，但为了处理由逆向因果关系导致的内生性问题，这里用省份的人民币贷款余额作为融资约束的工具变量，用人民币贷款余额与金融市场化的相乘项作为交互项 FC×FL 的工具变量，对加入金融市场化调节效应的扩展模型运用 GMM 方法进行估计。

　　为检验工具变量选取的有效性，笔者对工具变量分别进行了 Kleibergen-Paap rk LM 统计量检验（识别不足检验）和 Cragg-Donald Wald F 统计量检验（弱工具变量检验），结果均在 1% 的显著水平下拒绝了原假设。此外，笔者还对工具变量进行了 Hansen J 统计量检验（过度识别检验），结果在 1% 显著水平下显示不存在过度识别问题。表 5-5 为本书用工具变量进行 GMM 回归的估计结果，发现考虑了潜在的内生性问题后，第（1）列融资约束变量与第（2）列融资约束变量和利率市场化变量交互项 FC×IRL 的估计系数以及第（3）列融资约束变量和影子银行规模变量交互项 FC×SBS 的估计系数的显著水平及符号仍不改变，即前文的主要结论仍然成立。

表 5-5　稳健性检验三

TG	GMM 估计	GMM 估计	GMM 估计
FC	-2.099*** (-16.05)	-1.821** (-2.04)	-2.130* (-1.93)
FC×IRL		-0.787** (-2.03)	
IRL		-0.339*** (-7.29)	
FC×SBS			-0.069*** (-6.81)
SBS			0.031*** (6.90)
Kleibergen-Paap rk LM 统计量	300.648***	580.975***	854.247***
Cragg-Donald Wald F 统计量	340.699***	630.337***	523.881***

续表

TG	GMM 估计	GMM 估计	GMM 估计
Hansen J 统计量	0.000***	0.000***	0.000***
控制变量	Yes	Yes	Yes
企业固定效应	Yes	Yes	Yes
行业固定效应	Yes	Yes	Yes
省份固定效应	Yes	Yes	Yes
年份固定效应	Yes	Yes	Yes
观测值	569114	569114	569114
中心 R^2	0.242	0.585	0.254

注：括号内的数值为变量系数的 t 统计量或 z 统计量；标准误聚类在企业层面；＊、＊＊、＊＊＊分别表示在 10%、5%、1% 的水平下显著。

第六章 进一步探讨技术创新的作用

由第五章的理论分析可知，金融市场化可能会影响到融资约束对制造业贸易利得提升的抑制作用。本章旨在进一步探讨技术创新的作用，检验技术创新是不是金融市场化调节融资约束与中国制造业贸易利得关系的机制。为此，本章在第四章中介效应模型的基础上，引入了金融市场化变量及其与融资约束的交互项。本章将揭示金融市场化、融资约束、技术创新与中国制造业贸易利得之间的复杂关系，即金融市场化如何通过技术创新调节融资约束对中国制造业贸易利得提升的抑制作用，从而为相关领域的理论研究提供新的视角和证据，并为推动中国金融市场化改革、优化中国金融市场环境、有效缓解中国制造业企业融资约束、促进中国制造业技术创新发展、提升中国制造业贸易利得的相关政策制定和实践提供实证支撑。

第一节 引言

技术创新作为经济增长和企业竞争力的核心驱动力，长期以来被视为推动经济结构转型和产业升级的关键因素。在全球化和信息技术快速发展的背景下，技术创新不仅决定了企业生产效率和国际竞争力，还深刻影响了企业在全球价值链中的地位和贸易利得。通过技术创新，企业可以开发出更具竞争力的产品，提升出口产品的附加值，从而在国际贸易中获得更高的利润。企业还可以通过技术创新提升生产率和市场势力，降低边际成本，提高成本加成，进而提升贸易利得。然而，技术创新的实现并非易事，尤其是在融资约束存在的情况下，企业往往面临研发投入不足、创新动力不足等问题。融资约束的存在限制了企业获取外部资金的能力，进而抑制了技术创新的开展，最终可能削弱企业的贸易利得和长期发展潜力。在第五章的理论分析中，探讨了金融市场化对融资约束与制造业贸易利得之间关系的调节作用。结果表明，金融市场化中的利率市场化通过提升金融体系效率，缓解了企业融资约束，从而可能间接促进技术创新，并进一步推动中国制造业贸易利得的提升。这一发现引发了一个重要的问题，技术创新是否在金融市场化调节融资约束与中国制造业贸易利得关系中起到了中介作用？

技术创新是企业通过研发新产品、新工艺或新服务，提升生产效率、降低成本或开拓新市场的过程。然而，技术创新具有高风险、高投入和长周期的特点，使企业在开展技术创新活动时高度依赖外部融资。研究表明，融资约束不仅减少了企业的研发投入，还降低了技术创新的成功率和可持续性。因此，缓解融资约束是促进技术创新的重要前提。金融市场化对企业融资约束和企业技术创新有着双重影响，一方面，它可以缓解金融抑制，优化金融资源配置，拓宽融资渠道，减轻企业融资约束，促进企业技术创新；另一方面，也可能通过金融约束、提高融资成本等途径加重融资约束，抑制企业技术创新。基于以上复杂的关系网络，进一步探讨技术创新的作用尤为必要。从理论层面而言，深入研究技术创新在金融市场化调节融资约束与中国制造业贸易利得关系中的机制作用，有助于进一步丰富金融与贸易领域的理论成果。在现实意义上，这一研究能够为政府制定科学合理的金融政策和产业政策提供有力依据。通过明确技术创新的关键作用，政府可以针对性地出台相关政策，加强金融市场建设，深化利率市场化改革，规范影子银行发展，优化金融资源配置，缓解企业融资约束，促进企业技术创新，进而提升中国制造业在国际贸易中的贸易利得和国际竞争力。对于企业而言，了解这一作用机制，有助于企业在金融市场化背景下，更好地把握融资机会，加大技术创新投入，优化自身发展战略，实现高质量可持续发展。

第二节　扩展模型

这里将第四章中介效应模型式（4.2）加以扩展，在式（4.2）的基础上加入金融市场化变量以及融资约束与金融市场化的交互项来检验技术创新是不是金融市场化调节融资约束与中国制造业贸易利得关系的机制。

$$Innova_{fit} = \alpha + \beta_1 FC_{fit} + \beta_2 FC_{fit} \times FL_{fijt} + \beta_3 FL_{fijt} + \gamma X_{fit} + \delta_f + \delta_i + \delta_j + \delta_t + \varepsilon_{fijt}$$

其中，f、i、j、t 分别表示制造业企业、制造业企业所在的行业、制造业企业所在的省份、年份，Innova 表示制造业企业的技术创新，FC 表示制造业企业的融资约束水平，FL 表示金融市场化，包括利率市场化水平（IRL）和影子银行规模（SBS）两个指标，X 表示控制变量集。δ_f、δ_i、δ_j、δ_t 分别代表企业固定效应、二分位行业固定效应、省份地区固定效应和年份固定效应，ε 表示随机误差项。该模型中最需关注的是交互项 FC×FL，其估计系数 β_2 代表了融资约束与金融市场化对企业贸易利得的交互影响效应。

在上述扩展后的计量模型涉及的几个变量中，制造业贸易利得 TG 以及融资约束水平 FC 这两个变量已经在第二章的变量说明部分进行了详细的解释，利率市场化水平 IRL 和影子银行规模扩张 SBS 这两个变量已经在第五章的变量说明部分进行了详细的描述，在此不再赘述。此外，控制变量集共包括以下 8 个控制变量：①企业劳动生产率（produ）；②企业资本密集度（kir）；③赫芬达尔—赫希曼指数（hhi）；④企业加工贸易出口份额（pro_share）；⑤外资企业虚拟变量（fdum）；⑥国有企业虚拟变量（sdum）；⑦企业年龄（age）；⑧企业规模（scale）。以上控制变量的设定方法与第二章中控制变量的设定方法相同，这里也不再赘述。

第三节　数据描述

本章研究所使用的数据主要有：

（1）2000~2013年中国工业企业数据库和中国海关贸易库的匹配数据。相关的数据介绍、清洗处理和匹配方法与第二章的方法相同，这里只作简述。中国工业企业数据库是国内最大的微观企业样本数据库，其统计调查对象包含了全部国有工业企业和规模以上非国有企业上百条丰富的年度基本信息，由国家统计局对国有工业企业以及规模以上非国有企业的"工业统计报表"整理而成。中国海关贸易数据库则由海关总署对中国每一笔进出口通关的详细记录构成。由于海关贸易数据库中缺乏计算企业融资约束和设定控制变量集所需的财务指标以及企业所属行业分类等关键信息，因此需与工业企业数据库匹配。匹配前本书对以上两套数据分别进行了以下处理：对工业企业原始数据库进行了系统的清洗和处理，并用序贯识别法建立了中国工业企业的面板数据；对海关贸易数据库删除了出口值存在缺失值或为负值的异常样本，并利用海关贸易数据库中的企业名称、企业编码、企业电话号码等信息对企业缺失信息进行了详细的清洗和交互补充。同时，参考 Yu（2015）的三步匹配法，使用企业名称等信息，分以下三步匹配了以上两套数据库。首先，按照企业名称和年份匹配。其次，根据企业邮编和电话后7位对第一步剩余样本中的相同企业进行进一步的识别。最后，根据企业邮编和联系人对第二步剩余样本中的相同企业进行最终的识别。本书还对以上匹配后的数据进行了如下处理：第一，重新调整并统一了4位数行业代码；第二，剔除了样本中的贸易中间商。

（2）2000~2013 年中国人民银行公布的 1 月期银行间同业拆借利率（IBO1M）①。与第五章一致，这里对 1 月期月度同业拆借加权利率按交易量进行加权平均得到了年度 1 月期银行间同业拆借加权利率，用其来代表利率市场化水平。

（3）2002~2013 年中国人民银行公布的社会融资规模②。与第五章一致，这里根据核心影子银行的定义测度了年度核心影子银行规模，并对其进行了对数化处理。由于中国人民银行没有公布 2002 年之前的社会融资规模，因此本章影子银行规模的时间跨度为 2002~2013 年。

需要特别说明的是，由于 2008 年之后的中国工业企业数据库中衡量企业技术创新的指标如研发经费、无形资产和新产品产值等指标的缺失值较多，本章使用国家知识产权局和中国专利信息中心共同开发提供的《中国专利数据库文摘》中企业专利授权数的累计值作为制造业企业技术创新（Innova）的衡量标准。该数据库收录了中国自 1985 年 4 月《中华人民共和国专利法》实施以来 1985 年 9 月之后所有的专利文献和成果等信息（发明、实用新型以及外观设计三类），权威性较高，能够较好地反映中国最新的发明专利。具体地，本书运用企业名称将中国工业企业数据库与《中国专利数据库文摘》进行匹配获得了企业层面上述三类专利授权数的累计值。表 6-1 描述了本章各变量的统计性特征。

表 6-1　各变量的描述性统计特征

变量	观测值	均值	标准差	最小值	最大值
FC	569114	0.470	0.164	0	1
IRL	569114	1.418	1.654	0.099	5.671

---

①② 资料来源于中国人民银行网站：http://www.pbc.gov.cn/diaochatongjisi/116219/index.html。

变量	观测值	均值	标准差	最小值	最大值
SBS	539599	13.344	13.131	0.606	43.913
Innova	569114	0.794	36.178	0	27182
produ	569114	5.589	1.043	−1.359	15.347
kir	569114	3.818	1.415	−6.265	13.957
hhi	569114	0.006	0.029	0	0.972
pro_share	569114	0.193	0.361	0	1
fdum	569114	0.160	0.366	0	1
sdum	569114	0.046	0.209	0	1
age	569114	9.699	8.572	0	64
scale	569114	10.728	1.480	3.219	19.138

第四节　实证结果与分析

表6-2为式（5.2）技术创新对融资约束与金融市场化交互项的回归结果。同样地，本书运用Heckman两步法控制了企业是否进行创新导致的潜在的样本选择偏差问题。其中第（1）列的结果显示，融资约束变量与利率市场化变量交互项FC×IRL的估计系数显著为负，说明随着利率市场化的发展，融资约束对技术创新的抑制作用在变小。原因在于利率市场化增加了企业用于技术创新的可贷资金供给，降低了企业技术创新的融资门槛和资金成本。

事实上,也有相关研究表明对金融管制(存贷款利率界限等)的放松可以增加企业技术创新的融资渠道,进而缓解企业开展技术创新面临的融资约束,进一步地推动企业技术创新的提升(Cornaggia et al.,2015)。在利率市场化之前,市场均衡利率往往会高于管制下的实际利率水平,利率市场化之后,实际利率水平逐渐与市场均衡利率趋于一致,进而推动了货币市场资金配置效率的提高,放贷额度的增加有利于企业贷款金额的提升,进而增加企业技术创新活动的持续性(Abiad et al.,2003)。

表6-2 重新考虑技术创新的作用

Innova	(1)	(2)
FC	-0.012*** (-38.51)	-0.399*** (-30.96)
FC×IRL	-0.003*** (-4.11)	
IRL	0.105*** (42.67)	
FC×SBS		-0.001*** (-4.21)
SBS		0.018*** (48.19)
IMratio	1.124*** (42.55)	1.106*** (40.44)
控制变量	Yes	Yes
企业固定效应	Yes	Yes
行业固定效应	Yes	Yes
年份固定效应	Yes	Yes

Innova	（1）	（2）
观测值	569114	569114
组内 R^2	0.083	0.083

注：括号内的数值为变量系数的 t 统计量或 z 统计量；标准误聚类在企业层面；＊、＊＊、＊＊＊分别表示在 10%、5%、1%的水平下显著。

此外，利率市场化之后，金融机构对利率的自主定价能力提升，可以通过对贷款利率定价的调整来对冲由不对称信息、高投资风险度和贷款人信用水平等因素的潜在风险，从而可能会增加对企业技术创新的贷款额度。为了增加收益，金融机构可通过提高贷款利率来配置高风险高收益的资产组合，进而有利于企业为了持续开展技术创新活动而获取充足的信贷资源，这样不仅提高了金融机构的经营能力和收益水平，还有利于缓解企业持续开展技术创新活动时遭受的外部融资约束状况（王东静和张祥建，2007）。最后，对于我国国有企业来说，通常可以凭借规模优势或政府担保优势而利用低成本资金获取高额利润，造成创新意愿和投资动力不足。随着利率市场化的推进，我国实际利率水平可能会逐步提升，资金成本上升后，有利于"倒逼"国有企业提升技术创新投入。而对于我国中小型民营企业来说，随着利率市场化的推进，信贷配给和信息不对称逐渐减少，中小型民营企业更易获取信贷资源。由于中小型民营企业更勇于开发新技术，且其用于技术创新的资金使用效率更高，进而有利于推动中小型民营企业的技术创新，可能进一步为其带来持续性的高收益回报，缓解其融资约束，形成技术创新和融资约束之间的良性循环。

第（2）列融资约束变量与影子银行规模变量的交互项 FC×SBS 的估计系数显著为负，即影子银行规模的扩大加重了融资约束对技术创新的抑制作用。可能的解释是在金融市场化进程中，影子银行规模的扩大抬高了企业用于技术创新的融资成本。此外，逆米尔斯比率（IMR）的估计系数均显著表明运用 Heckman 两步法控制样本选择偏差问题的合理性。进一步地，结合上文调节效应模型的结果，可以得出，技术创新是金融市场化调节融资约束对中国制造业贸易利得抑制作用的渠道。

第七章　总结和建议

第一节　结论概括

在当前全球经济格局深度调整，贸易保护主义抬头，逆全球化思潮涌动，国内经济正处于新旧动能转换、产业结构深度调整的关键时期，中国制造业面临着前所未有的机遇与挑战。本书以企业层面的出口国内增加值率作为衡量中国制造业贸易利得的代理指标，通过构建融资约束影响企业贸易利得的分析框架，研究了融资约束对中国制造业贸易利得提升的抑制效应、影响机制以及不同维度金融市场化对该抑制效应的作用。主要研究结论包括以下四个方面：

首先，基于中国工业企业和海关贸易数据的匹配数据，以中国制造业企业融资约束为解释变量，以中国制造业企业贸易利得为被解释变量，进行理论和实证分析研究，基准估计结果显示，融资约束对中国制造业贸易利得的提升存在着显著的抑制作用。并且，通过控制企业差异、行业差异和时间差异，考虑解释变量融资约束、被解释变量贸易利得和控制变量生产率的测量误差以及潜在的内生性问题后，上述结论依然保持不变。进一步考察融资约束对中国制造业贸易利得提升的动态影响发现，在控制了其他因素的影响后，当期融资约束的提升对中国制造业下期贸易利得的提升具有显著的负向动态影响效应。

其次，基于企业贸易方式、企业所有制、企业生产率、企业规模以及企业所在区域的异质性分析发现：第一，由于存在沉没成本的限制，加工贸易企业的融资约束致使其难以拓展价值增值链，导致加工贸易企业融资约束对其贸易利得提升的抑制作用最大，而一般贸易企业的融资约束对其贸易利得提升的抑制作用较小。然而，提升加工贸易利得是推动加工贸易转型升级、转变外贸发展模式、促进产业结构优化升级适应的重要内在要求。在当前经济形势下，随着国内劳动力成本上升、资源环境约束趋紧，加工贸易转型升级迫在眉睫，2024年商务部发布相关政策鼓励加工贸易企业向中西部地区梯度转移，推动其向产业链高端延伸。第二，由于金融资源扭曲错配以及"规模歧视"和"所有制歧视"、法律约束和信息不对称等问题的存在，民营和外资出口企业的融资约束对其贸易利得提升的抑制作用较大，而国有出口企业的融资约束对其贸易利得提升的影响并不显著。近年来，国家多次出台政策致力于解决民营企业"融资难、融资贵"问题，如中国人民银行通过定向降准等货币政策工具，引导金融机构加大对民营企业的信贷投放等。第三，由于低生产率企业经济利润较小，其融资约束对其贸易利得提升的抑制作用明显大于高生产率企业。在当前创新驱动发展战略背景下，提高企业生产率是提升企业竞争力和贸易利得的关键。第四，由于规模歧视等原因，规模较小的中小企业的融资约束对其贸易利得提升的抑制作用明显大于规模较大的企业。2023年以来，政府加大对中小企业扶持力度，设立中小企业发展专项资金，缓解中小企业融资困境。第五，由于融资环境等因素的差异，东部地区企业的融资约束对其贸易利得提升的抑制作用明显大于中西部地区。随着"一带一路"倡议的深入推进，中西部地区在对外开放中迎来新机遇，融资环境也在逐步改善。

再次，基于中介效应模型的机制分析发现，技术创新和成本加成率是融资约束抑制中国制造业贸易利得提升的重要途径。其中，技术创新会增加国内中间投入品的供给种类和供给总量，导致国内中间投入品相对价格下降，从而促使企业增加对国内中间投入品的使用，最终有利于提高企业贸易利得，而融资约束的存在减少了企业R&D投入等用于技术创新活动的资金，限制了企业技术创新活动范围的拓展及技术创新的可持续性，进而阻碍了技术创新，最终抑制了中国制造业贸易利得的提升。企业成本加成率的提高有利于提升企业的利润率水平，进而有利于提高企业的贸易利得，但融资约束的存在提高了企业的边际成本，并逼迫企业采取"薄利多销"的经营策略，进而降低了企业的成本加成率，最终抑制了中国制造业贸易利得的提升。在当前鼓励科技创新的政策环境下，如国家对高新技术企业给予税收优惠等政策，企业技术创新能力对贸易利得的影响越发关键。

最后，金融市场化中的利率市场化缓解了融资约束对中国制造业贸易利得提升的抑制作用，原因可能在于利率市场化增加了企业用于技术创新的可贷资金供给，降低了企业技术创新的融资门槛和资金成本。而金融市场化中的影子银行规模扩张不但没有缓解融资约束对中国制造业贸易利得提升的抑制作用，甚至还加重了融资约束对中国制造业贸易利得提升的抑制作用，可能的解释是，在金融市场化进程中，影子银行规模的扩大抬高了企业用于技术创新的融资成本。此外，基于调节效应模型的机制分析发现，技术创新是金融市场化调节融资约束与中国制造业贸易利得关系的重要机制。2024 年中国人民银行持续推进利率市场化改革，完善 LPR 形成机制，引导贷款利率下行，降低企业融资成本。

第二节　对策建议

近年来，随着我国经济结构的转型升级和高质量发展战略的深入推进，以及在全球经济不确定性进一步加大的背景下，党和国家持续强化金融对实体经济的支撑作用。2023 年中央金融工作会议提出"要坚持把金融服务实体经济作为根本宗旨，建设金融强国，优化金融资源和融资结构，满足不同企业融资需求"。2024 年政府工作报告再次指出"要更好满足企业融资需求"。结合本书上述研究结论，提出以下四点启示：

第一，缓解企业的融资约束状况。包括内部融资约束状况和外部融资约束状况，增强企业的融资能力。例如，通过继续推行降税减费等降成本措施，改善企业的盈利状况等，缓解企业的内部融资约束。然而，通过降税减费缓解企业内部融资约束对企业整体融资约束的缓解作用有限。企业的内部融资约束状况主要取决于企业自身的经营水平，而外部融资约束状况则可通过优化融资环境和相关政策支持进行改善。相关研究表明，通过降低融资利率进而降低融资成本对企业减负的影响是通过降税减费对企业减负影响的数倍。例如，可通过货币政策，如进一步降低存款准备金率等，真正降低企业的实际融资利率，引导金融机构向企业释放资金，降低企业的外部融资成本，缓解企业的外部融资约束。此外，缓解企业的融资约束还需拓宽企业融资渠道，如完善金融市场体系的层次化水平、丰富金融市场交易品种、推动创业板市场的发展、积极开放金融市场引进外资等。目前中国的金融市场化程度仍难以充分满足企业，尤其是中小企业的融资需求。因此，需加快推进中国的金融市场化进程，提高中国金融市场的资源配置效率以及金融行业的服务水平，以更好地满足企业融资需求，促进金融服务实体经济发展。除上面提到的完善金融市场体系的层次化水平和开放金融市场等外，根据本书第五章的实证结果，还需从加快推动利率市场化深化改革和规范影子银行有序发展两个方面推进完善中国的金融市场化水平。

由第五章的实证分析可知，利率市场化有助于缓解融资约束对中国制造业贸易利得提升的抑制作用，且鉴于中国目前尚未完全实现利率市场化，应加大深化利率市场化改革力度。当利率完全实现市场化，企业与金融机构之间的议价空间会进一步扩大。一方面，会促使金融机构制定差异化的资产价格策略，进而有利于降低企业融资成本；另一方面，也会促使企业根据自身条件选择不同的融资渠道，这样不仅会促进直接融资市场的发展，也有利于推动金融机构中小微企业贷款的发展。中国目前深化利率市场化改革的重点是实现利率"并轨"。如前所述，中国目前的利率"两轨"制并未完全消除。因此需深化利率市场化改革，真正实现存贷款基准利率与货币市场利率"双轨"统一。目前，中国利率"并轨"的实现仍存在一些难题，如基准利率转换带来基差风险，大型银行类金融机构对利率市场化意愿不足，过渡期贷款合同变更存在巨大法律风险，部分金融机构利率自主定价能力较弱，不同环节的量化控制仍然较多等。利率"并轨"也并非只是放开利率管制，更不是将存贷款基准利率与货币市场利率合二为一，而应是实施一系列诸如增加贷款基础利率期限品种、改革贷款基础利率报价方式等配套措施。利率"并轨"的实现有利于金融机构通过利率手段降低融资风险，从而提高金融机构风险定价的效率，降低风险溢价和小微企业的融资成本，为真正实现利率市场化，降低实际贷款利率，"倒逼"金融机构创新，促进金融服务实体经济发展奠定坚实的基础。在解决政策利率"两轨"制问题的基础上，深化中国的利率市场化改革还需进一步推进完善其他基准利率体系建设和利率调控体系建设以及提高金融机构的定价能力。根据第五章内容，应尽快明晰关键政策利率标准，充分提高国债利率的收益率和有效性，简化基准利率体系，结合国际基准利率形成的经验，进一步培育中国的目标基准利率，提升中国目标培育基准利率的发展效率、市场敏感度和认可度，以推进完善基准利率体系建设。而为了完善利率调控体系，则应进一步明确货币政策立场，尽快疏通政策利率与市场利率之间的传导机制。并且，需提升金融机构尤其是地方法人金融机构对市场化利率的自主定价能力以及利率市场化下的风险管理水平，紧跟利率市场化的步伐。如引进和储备相关人才，加强对市场利率的监测和披露等。此外，为尽可能地降低利率市场化带来的风险，还需加快开发和发展市场化利率的衍生品，建立市场化利率的避险机制，助力利率市场化进程的最终实现。虽然真正实现利率市场化并不可能完全解决企业特别是小微企业的融资问题，但至少会在一定程度上缓解企业的融资约束。

此外，根据第五章的实证分析，影子银行规模扩张并不利于缓解融资约束对中国制造业贸易利得提升的抑制作用，应进一步加强对影子银行的监管，促进影子银行有序发展。例如，统一影子银行监管标准，强化影子银行资本约束和流动性约束等其他审慎约束，逐步消除影子银行定价扭曲等。目前，国家对传统金融机构的严格管制以及传统金融机构的高融资门槛均难以更好地服务于实体经济的融资需求，当企业难以从传统金融机构获得资金时便会以牺牲高资金成本的代价转向影子银行融资，这在一定程度上助长了影子银行规模的扩张。影子银行规模扩张虽然更容易让企业获得资金，在一定程度上有利于缓解企业"融资难"的困境，但其"融资贵"的弊端也不容忽视，企业通过影子银行获得资金的利率一般较高，往往高于银行贷款利率。事实上，对传统金融机构的严格管制（如对其配资业务的限制）可能会不利于其更好地服务于实体经济。因此，为降低企业的外部融资成本，在加强对影子银行有序发展监管的同时，需放松对传统金融机构的经营管制，引导激励传统金融机构加大对制造业融资，尤其是对民营制造业和中小制造业融资的支持，引导部分影子银行信贷业务回归传统银行等金融机构。

第二，根据异质性分析结果，应加强对加工贸易制造业、民营和外资制造业、低生产率制造业、东部地区制造业以及中小制造业的融资支持。①企业贸易方式方面，应加强对加工贸易制造业的政策扶持，具体可通过进口关税优惠或减免、降成本等措施提升加工贸易制造业企业的内源融资能力，同时加强加工贸易制造业企业在国内价值增值链延伸方面的金融信贷支持，提升加工贸易制造业企业的外源融资能力。②企业所有制方面，应减少政府对金融机构信贷决策的干预，激励金融机构减少信贷歧视，优化金融信贷流向结构，引导金融机构加强对民营企业的金融信贷支持，化解金融资源错配，提高金融资源配置效率。还需注重改善外资企业的外部融资环境以提高利用外资的效率和质量，如调整法律监管，放宽资本跨境流动限制，促进金融开放等。③企业生产率方面，需注重促进企业生产率的提升，如加强对先进生产技术的研发和推广，通过补贴、规制等有方向性地引导企业通过自身内部动力提高生产率等。④企业规模方面，应切实加强对中小制造业企业的融资支持。中小企业融资问题在世界范围内都一直较为突出，需运用更加灵活的货币政策工具，进一步疏通货币政策对中小企业融资的传导渠道等。⑤企业所在区域方面，应在金融市场化的深化改革中，对不同区域实施差异化的金融市场化改革策略。尤其是在当前区域协调发展战略下，不同区域的金融政策应因地制宜，更好地服务当地企业。由于东部地区企业的融资约束对其贸易利得提升的抑制作用较大，应注重向东部地区倾斜相关的金融政策，以改善东部地区企业的融资环境，如放宽东部地区社会资本的准入条件，增加信贷供给，缓解东部地区企业的外源融资竞争压力，提升东部地区企业的融资效率等。

第三，由于技术创新是融资约束抑制中国制造业贸易利得提升的重要途径之一，且技术创新是金融市场化调节融资约束对中国制造业贸易利得关系的重要机制。因此，需缓解制造业企业技术创新面临的融资约束，提高制造业企业的技术创新。首先，有必要加大 R&D 经费投入强度（R&D 经费投入与国民生产总值之比），尤其是增加对基础研究的 R&D 经费投入强度，鼓励地方政府和企业加大 R&D 经费投入尤其是对基础研究的 R&D 经费投入。融资约束通过技术创新抑制中国制造业贸易利得提升的首要表现是 R&D 经费投入，特别是对基础研究的 R&D 经费投入不足，进而制约了中国制造业出口品技术含量的提升。虽然我国 R&D 经费投入的比例在近年来不断上升，然而与美国和日本、韩国相比，R&D 经费投入强度仍有明显的距离。因此，需缓解制造业企业 R&D 经费投入面临的融资约束。其次，在加大 R&D 经费投入强度的基础上，从融资手段入手引导制造业企业重视产品策略，提高出口品的科技含量。最后，需降低制造业人才引进的沉没成本和工资成本等人力成本，以鼓励制造业企业增加人才引进投入，积极引进人才，充分发挥知识资本和人力资本的作用，如给予制造业，尤其是高端制造业人才引进补贴等。还需顺应制造业发展潮流，积极培育制造业发展所需的相关人才，及时弥补制造业发展的人才缺口等。在上述基础上，提高科技成果转化率，推动企业和高校、科研院所的产学研用协同合作，这在当前一些高新关键核心技术仍受制于人、国内外形势错综复杂的背景下，更为急迫。

第四，由于成本加成率也是融资约束抑制中国制造业贸易利得提升的重要途径之一。而成本加成率是指产品价格对产品边际成本的偏离程度，主要与边际成本与产品价格相关。在边际成本方面，当生产技术不变时，由于融资约束的存在提高了企业融资成本，进而提升了企业边际成本，使高融资约束程度企业的成本加成率小于低融资约束程度企业的成本加成率。因此，在降低制造业融资成本的同时，还应推动降低制造业的边际成本。为此，需继续深化供给侧结构性改革，加大力度实施对制造业企业更大规模的减税降费、降低要素成本和各类交易性成本等措施，降低融资约束对制造业企业成本加成率的负向影响。企业边际成本的降低从根本上需要扩大内需，释放内需潜力，进而促进企业扩大生产，提升规模经济效应。因而，为降低制造业企业的边际成本，还需进一步加大力度刺激消费，培养消费市场，以扩大内需，促进生产。此外，在产品价格方面，需增加对制造业出口企业的价格补贴或出口退税，增强制造业出口企业产品在国际市场上的价格竞争力。在当前扩大内需战略背景下，刺激消费、降低企业成本对提升企业贸易利得至关重要。

附　录

附表　WIOD 行业分类与中国工业行业分类匹配表

WIOD 行业分类	中国工业行业分类（CIC）
（3）食品，饮料制造及烟草业	农副食品加工业（13）、食品制造业（14）、饮料制造业（15）、烟草制品业（16）
（4）纺织及服装制造业	纺织业（17）、纺织服装、鞋、帽制造业（18）
（5）皮革、毛皮、羽毛（绒）及鞋类制品业	纺织服装、鞋、帽制造业（18）、皮革、毛皮、羽毛（绒）及其制品业（19）
（6）木材加工及木、竹、藤、棕、草制品业	木材加工及木、竹、藤、棕、草制品业（20）
（7）造纸及纸制品业，印刷和记录媒介的复制业	造纸及纸制品业（22）、印刷和记录媒介的复制业（23）
（8）石油加工、炼焦及核燃料、加工业	石油加工、炼焦及核燃料加工业（25）
（9）化学原料及化学制品制造业	化学原料及化学制品制造业（26）
（10）橡胶及塑料制品业	橡胶制品业（29）、塑料制品业（30）
（11）非金属矿物制品业	非金属矿物制品业（31）
（12）金属制品业	金属制品业（34）
（13）机械制造业	通用设备制造业（35）、专用设备制造业（36）、仪器仪表及文化、办公用机械制造业（41）
（14）电气及电子机械器材制造业	电气机械及器材制造业（39）、通信设备、计算机及其他电子设备制造业（40）
（15）交通运输设备制造业	交通运输设备制造业（37）
（16）其他制造业及废弃资源和废旧材料回收加工业	工艺品及其他制造业（42）、电力、热力的生产和供应业（44）、燃气生产和供应业（45）

资料来源：笔者整理得到。

参考文献

［1］包群，阳佳余．金融发展影响了中国工业制成品出口的比较优势吗？［J］．世界经济，2008（3）：21-33．

［2］卜文超，蒋殿春．知识产权保护与中国企业的成本加成率——以市级专利代办处设立为例［J］．南开经济研究，2024（2）：141-159．

［3］曹献飞．融资约束与企业出口：孰因孰果——基于联立方程模型的经验分析［J］．国际经贸探索，2015，31（1）：66-76．

［4］陈邦强，傅蕴英，张宗益．金融市场化进程中的金融结构、政府行为、金融开放与经济增长间的影响研究——基于中国经验（1978—2005年）的实证［J］．金融研究，2007（10）：1-14．

［5］陈雯，李强．全球价值链分工下我国出口规模的透视分析——基于增加值贸易核算方法［J］．财贸经济，2014（7）：107-115．

［6］陈锡康．中国1999年对外贸易投入占用产出表及其应用［R］．中国投入产出学会第5届年会论文，2001．

［7］成亭锋．融资约束对中国制造业出口贸易国内增加值的影响研究［D］．暨南大学硕士学位论文，2018．

［8］大卫·李嘉图．政治经济学及赋税原理［M］．北京：华夏出版社，2005．

［9］代凯，邱倩．利率市场化改革对企业融资约束的影响研究——来自我国上市公司的经验证据［J］．金融监管研究，2019（6）：70-84．

［10］戴觅，余淼杰，Madhura Maitra．中国出口企业生产率之谜：加工贸易的作用［J］．经济学（季刊），2014，13（2）：675-698．

［11］戴翔．中国出口贸易利益究竟有多大——基于附加值贸易的估算［J］．当代经济科学，2015，37（3）：80-88+127．

［12］邓军．增加值贸易视角下中国制造业出口竞争力评估［J］．中南财经政法大学学报，2013（5）：40-46+72．

[13] 邓可斌，曾海舰．中国企业的融资约束：特征现象与成因检验 [J]．经济研究，2014，49（2）：47-60+140.

[14] 樊纲，王小鲁．中国市场化指数——各地区市场化相对进程报告（2000年）[M]．北京：经济科学出版社，2001.

[15] 樊纲，王小鲁，朱恒鹏．中国市场化指数：各地区市场化相对进程2009年报告 [M]．北京：经济科学出版社，2010.

[16] 耿伟，杨晓亮．最低工资与企业出口国内附加值率 [J]．南开经济研究，2019（4）：188-208.

[17] 韩剑，王静．中国本土企业为何舍近求远：基于金融信贷约束的解释 [J]．世界经济，2012，35（1）：98-113.

[18] 胡东波，任燮康．国际分工与国际贸易中获利条件的研究 [J]．中南工业大学学报，1997（3）：303-306.

[19] 胡晖，张璐．利率市场化对成长型企业融资约束的影响——基于对中小板企业的研究 [J]．经济评论，2015（5）：141-153.

[20] 扈文秀，孙伟，柯峰伟．融资约束对创新项目投资决策的影响研究 [J]．科学学与科学技术管理，2009，30（3）：81-88.

[21] 黄金老．金融自由化与金融脆弱 [M]．北京：经济科学出版社，2001.

[22] 黄先海，杨高举．中国高技术产业的国际分工地位研究：基于非竞争型投入占用产出模型的跨国分析 [J]．世界经济，2010，33（5）：82-100.

[23] 纪洋，徐建炜，张斌．利率市场化的影响、风险与时机——基于利率双轨制模型的讨论 [J]．经济研究，2015，50（1）：38-51.

[24] 贾怀勤．中国贸易统计如何应对全球化挑战——将增加值引入贸易统计：改革还是改进？[J]．统计研究，2012，29（5）：10-15.

［25］简泽，徐扬，吕大国，卢任，李晓萍．中国跨企业的资本配置扭曲：金融摩擦还是信贷配置的制度偏向［J］．中国工业经济，2018（11）：24-41.

［26］江希，刘似臣．中国制造业出口增加值及影响因素的实证研究——以中美贸易为例［J］．国际贸易问题，2014（11）：89-98.

［27］蒋海，张小林，陈创练．利率市场化进程中商业银行的资本缓冲行为［J］．中国工业经济，2018（11）：61-78.

［28］金祥荣，胡赛．融资约束、生产率与企业出口：基于中国企业不同贸易方式的分析［J］．国际贸易问题，2017（2）：153-165.

［29］靳来群．所有制歧视所致金融资源错配程度分析［J］．经济学动态，2015（6）：36-44.

［30］鞠晓生，卢荻，虞义华．融资约束、营运资本管理与企业创新可持续性［J］．经济研究，2013，48（1）：4-16.

［31］凯恩斯．就业、利息和货币通论［M］．北京：商务印书馆，1997.

［32］黎日荣．融资约束、生产率与企业出口竞争力［J］．国际经贸探索，2016，32（5）：4-19.

［33］李科，徐龙炳．融资约束、债务能力与公司业绩［J］．经济研究，2011，46（5）：61-73.

［34］李胜旗，毛其淋．制造业上游垄断与企业出口国内附加值——来自中国的经验证据［J］．中国工业经济，2017（3）：101-119.

［35］李思慧，徐保昌．金融市场化、融资约束与企业成本加成：来自中国制造业企业的证据［J］．国际贸易问题，2018（2）：164-174.

［36］李增泉，辛显刚，于旭辉．金融发展、债务融资约束与金字塔结构——来自民营企业集团的证据［J］．管理世界，2008（1）：123-135+188.

［37］李志远，余淼杰．生产率、信贷约束与企业出口：基于中国企业

层面的分析 [J]. 经济研究, 2013, 48 (6): 85-99.

　　[38] 梁涛. 信贷规划管理下利率市场化改革对企业融资约束的影响 [J]. 深圳大学学报 (人文社会科学版), 2015, 32 (6): 54-61.

　　[39] 林毅夫. 金融体系、信用和中小企业融资 [J]. 浙江社会科学, 2001 (6): 9-11.

　　[40] 刘东海, 蔡喜洋. 中国基准利率体系多重均衡: 表现、成因与对策——基于利率市场化历史进程的视角 [J]. 金融发展评论, 2018 (4): 126-140.

　　[41] 刘啟仁, 黄建忠. 产品创新如何影响企业加成率 [J]. 世界经济, 2016, 39 (11): 28-53.

　　[42] 刘维林. 中国式出口的价值创造之谜: 基于全球价值链的解析 [J]. 世界经济, 2015, 38 (3): 3-28.

　　[43] 刘毅, 申洪. 中国金融市场化的度量分析 [J]. 财经研究, 2002 (9): 39-46.

　　[44] 吕越, 吕云龙, 包群. 融资约束与企业增加值贸易——基于全球价值链视角的微观证据 [J]. 金融研究, 2017 (5): 63-80.

　　[45] 吕越, 罗伟, 刘斌. 融资约束与制造业的全球价值链跃升 [J]. 金融研究, 2016 (6): 81-96.

　　[46] 吕越, 盛斌, 吕云龙. 中国的市场分割会导致企业出口国内附加值率下降吗 [J]. 中国工业经济, 2018 (5): 5-23.

　　[47] 吕越, 尉亚宁. 全球价值链下的企业贸易网络和出口国内附加值 [J]. 世界经济, 2020, 43 (12): 50-75.

　　[48] 罗长远, 张军. 附加值贸易: 基于中国的实证分析 [J]. 经济研究, 2014, 49 (6): 4-17+43.

　　[49] 马述忠, 张洪胜, 王笑笑. 融资约束与全球价值链地位提升——

来自中国加工贸易企业的理论与证据 [J]. 中国社会科学, 2017 (1): 83-107+206.

[50] 毛其淋. 贸易政策不确定性是否影响了中国企业进口? [J]. 经济研究, 2020, 55 (2): 148-164.

[51] 毛其淋, 许家云. 贸易自由化与中国企业出口的国内附加值 [J]. 世界经济, 2019, 42 (1): 3-25.

[52] 聂辉华, 江艇, 杨汝岱. 中国工业企业数据库的使用现状和潜在问题 [J]. 世界经济, 2012, 35 (5): 142-158.

[53] 潘文卿, 王丰国, 李根强. 全球价值链背景下增加值贸易核算理论综述 [J]. 统计研究, 2015, 32 (3): 69-75.

[54] 钱学锋, 潘莹, 毛海涛. 出口退税、企业成本加成与资源误置 [J]. 世界经济, 2015, 38 (8): 80-106.

[55] 邵朝对, 苏丹妮. 产业集聚与企业出口国内附加值: 全球价值链升级的本地化路径 [J]. 管理世界, 2019, 35 (8): 9-29.

[56] 盛斌, 景光正. 金融结构、契约环境与全球价值链地位 [J]. 世界经济, 2019, 42 (4): 29-52.

[57] 盛丹, 王永进. "企业间关系" 是否会缓解企业的融资约束 [J]. 世界经济, 2014, 37 (10): 104-122.

[58] 苏丹妮, 盛斌, 邵朝对, 陈帅. 全球价值链、本地化产业集聚与企业生产率的互动效应 [J]. 经济研究, 2020, 55 (3): 100-115.

[59] 孙灵燕, 李荣林. 融资约束限制中国企业出口参与吗? [J]. 经济学 (季刊), 2012, 11 (1): 231-252.

[60] 孙晓华, 王昀, 徐冉. 金融发展、融资约束缓解与企业研发投资 [J]. 科研管理, 2015, 36 (5): 47-54.

[61] 田巍, 余淼杰. 企业出口强度与进口中间品贸易自由化: 来自中

国企业的实证研究 [J]. 管理世界, 2013 (1): 28-44.

[62] 托马斯·孟. 英国得自对外贸易的财富 [M]. 北京: 外语教学与研究出版社, 2011.

[63] 王碧珺, 谭语嫣, 余淼杰, 黄益平. 融资约束是否抑制了中国民营企业对外直接投资 [J]. 世界经济, 2015, 38 (12): 54-78.

[64] 王东静, 张祥建. 利率市场化、企业融资与金融机构信贷行为研究 [J]. 世界经济, 2007 (2): 50-59.

[65] 王岚. 全球价值链背景下的新型国际贸易统计体系及其对中国的启示 [J]. 国际经贸探索, 2013, 29 (11): 53-64.

[66] 王舒军, 彭建刚. 中国利率市场化进程测度及效果研究——基于银行信贷渠道的实证分析 [J]. 金融经济学研究, 2014, 29 (6): 75-85.

[67] 王孝松, 周钰丁, 朱丹, 等. 去工业化与企业出口国内增加值 [J]. 数量经济技术经济研究, 2023, 40 (10): 71-92.

[68] 魏浩, 白明浩, 郭也. 融资约束与中国企业的进口行为 [J]. 金融研究, 2019 (2): 98-116.

[69] 魏悦羚, 张洪胜. 进口自由化会提升中国出口国内增加值率吗——基于总出口核算框架的重新估计 [J]. 中国工业经济, 2019 (3): 24-42.

[70] 肖威, 刘德学. 垂直专业化分工与经济周期的协同性——基于中国和主要贸易伙伴的实证研究 [J]. 国际贸易问题, 2013 (3): 35-45.

[71] 肖威. 中国参与国际垂直专业化分工的贸易利益——基于制造业的实证研究 [D]. 广州: 暨南大学博士学位论文, 2015.

[72] 肖玉兰, 吴秋明. 企业集成创新能力评价指标体系的构建 [J]. 科技进步与对策, 2007 (5): 146-149.

[73] 徐久香, 方齐云. 基于非竞争型投入产出表的我国出口增加值核

算［J］．国际贸易问题，2013（11）：34-44.

［74］许和连，成丽红，孙天阳．制造业投入服务化对企业出口国内增加值的提升效应——基于中国制造业微观企业的经验研究［J］．中国工业经济，2017（10）：62-80.

［75］许和连，王伦，邓玉萍．技术交易网络与出口企业成本加成——基于中国专利转让与许可的经验研究［J］．中国工业经济，2024（4）：76-94.

［76］许志伟，薛鹤翔，罗大庆．融资约束与中国经济波动——新凯恩斯主义框架内的动态分析［J］．经济学（季刊），2011，10（1）：83-110.

［77］亚当·斯密．国民财富性质和原因的研究［M］．北京：商务印书馆，1974.

［78］阳佳余．融资约束与企业出口行为：基于工业企业数据的经验研究［J］．经济学（季刊），2012，11（4）：1503-1524.

［79］殷剑峰，王增武．影子银行与银行的影子：中国理财产品市场发展与评价（2010—2012）［M］．社会科学文献出版社，2013.

［80］尹翔硕，陈陶然．不同贸易方式出口企业的生产率与利润——基于异质性企业理论的微观实证分析［J］．世界经济文汇，2015（4）：44-60.

［81］于洪霞，龚六堂，陈玉宇．出口固定成本融资约束与企业出口行为［J］．经济研究，2011，46（4）：55-67.

［82］余淼杰，金洋，张睿．工业企业产能利用率衡量与生产率估算［J］．经济研究，2018，53（5）：56-71.

［83］余骁，黄先海，陈航宇．知识产权保护、技术距离与出口国内增加值率［J］．中国工业经济，2023（6）：99-117.

［84］曾铮，张路路．全球生产网络体系下中美贸易利益分配的界定——基于中国制造业贸易附加值的研究［J］．世界经济研究，2008（1）：

36-43+85.

[85] 战明华，李欢. 金融市场化进程是否改变了中国货币政策不同传导渠道的相对效应？[J]. 金融研究，2018（5）：20-36.

[86] 战明华，王晓君，应诚炜. 利率控制、银行信贷配给行为变异与上市公司的融资约束 [J]. 经济学（季刊），2013，12（4）：1255-1276.

[87] 张纯，吕伟. 机构投资者、终极产权与融资约束 [J]. 管理世界，2007（11）：119-126.

[88] 张东奎. 东亚经济体利率市场化研究 [D]. 长春：吉林大学博士学位论文，2012.

[89] 张二震. 国际贸易的发展利益及其实现机制 [J]. 南京大学学报（哲学社会科学版），1995（4）：24-32.

[90] 张海燕. 基于附加值贸易测算法对中国出口地位的重新分析 [J]. 国际贸易问题，2013（10）：65-76.

[91] 张杰，陈志远，刘元春. 中国出口国内附加值的测算与变化机制 [J]. 经济研究，2013，48（10）：124-137.

[92] 张杰，芦哲，郑文平，陈志远. 融资约束、融资渠道与企业 R&D 投入 [J]. 世界经济，2012，35（10）：66-90.

[93] 张盼盼，陈建国. 融资约束如何影响了中国制造业的出口国内增加值率：效应和机制 [J]. 国际贸易问题，2019（12）：18-31.

[94] 张鹏，施美程. 金融市场化，所有制差异与融资渠道——基于世界银行中国企业投资环境调查的实证分析 [J]. 经济学家，2016（11）：54-62.

[95] 张维迎，周黎安，顾全林. 经济转型中的企业退出机制——关于北京市中关村科技园区的一项经验研究 [J]. 经济研究，2003（10）：3-14+90.

［96］张雪芳，戴伟. 我国的金融市场化缓解了企业融资约束吗？——基于制造业上市公司数据的实证研究［J］. 武汉金融，2017（3）：57-61.

［97］张咏华. 中国制造业在国际垂直专业化体系中的地位——基于价值增值角度的分析［J］. 上海财经大学学报，2012，14（5）：61-68.

［98］张咏华. 中国制造业增加值出口与中美贸易失衡［J］. 财经研究，2013，39（2）：15-25.

［99］赵玉焕，常润岭. 全球价值链和增加值视角下国际贸易统计方法研究［J］. 国际贸易，2012（12）：25-27.

［100］周开国，卢允之，杨海生. 融资约束、创新能力与企业协同创新［J］. 经济研究，2017，52（7）：94-108.

［101］周世民，王书飞，陈勇兵. 出口能缓解民营企业融资约束吗？——基于匹配的倍差法之经验分析［J］. 南开经济研究，2013（3）：95-109.

［102］周小川. 深化金融体制改革［J］. 中国金融，2015（22）：9-12.

［103］周业安，赵坚毅. 我国金融市场化的测度、市场化过程和经济增长［J］. 金融研究，2005（4）：68-78.

［104］周琢，祝坤福. 外资企业的要素属权结构与出口增加值的收益归属［J］. 中国工业经济，2020（1）：118-135.

［105］诸竹君，黄先海，宋学印，胡馨月，王煌. 劳动力成本上升、倒逼式创新与中国企业加成率动态［J］. 世界经济，2017，40（8）：53-77.

［106］诸竹君，黄先海，余骁. 进口中间品质量、自主创新与企业出口国内增加值率［J］. 中国工业经济，2018（8）：116-134.

［107］诸竹君，袁逸铭，许明，等. 数字金融、路径突破与制造业高质量创新——兼论金融服务实体经济的创新驱动路径［J］. 数量经济技术经济研究，2024，41（4）：68-88.

[108] Abdul Abiad, Nienke Oomes, Kenichi Ueda. The Quality Effect: Does Financial Liberalization Improve the Allocation of Capital? [J]. Elsevier B. V. , 2007, 87 (2): 270-282.

[109] Abiad, A. , Mody, A. Financial Reform: What Shakes It? What Shapes It [R]. IMF Working Paper NO. WP0370, 2003.

[110] Andreas Maurer, Christophe Degain. Globalization And Trade Flows: What You See Is Not What You Gte! [J]. World Scientific Publishing Company, 2012, 3 (3) .

[111] Antras P. Firms, Contracts, and Trade Structure [J]. The Quarterly Journal of Economics, 2003, (11): 1375-1418.

[112] Arnaud Costinot. An Elementary Theory of Comparative Advantage [J]. Econometric Society, 2009, 77 (4): 1165-1192.

[113] Balassa, B. Trade Liberalization among Industrial Countries [M]. New York: McGraw-Hill, 1967.

[114] Becker, B. , Chen, J. , Greenberg, D. Financial Development, Fixed Costs, and International Trade [J]. Review of Corporate Finance Studies, 2013, 2 (1): 1-28.

[115] Beck, T. Financial Dependence and International Trade: Is There a Link [J]. Journal of International Economics, 2002, 57 (1): 107-131.

[116] Bellone, F. , Musso, P. , Nesta, L. , Schiavo, S. Financial Constraints and Firm Export Behaviour [J]. The World Economy 2010, 33 (3): 347-373.

[117] Braun, M. Financial Contractibility and Asset Hardness [R]. University of California-Losangeles Mimeo, 2003.

[118] Campa, Jose M. J. Myles Shave. Exporting and Capital Investment:

On the Strategic Behavior of Exporters [R]. New York University, 2001.

[119] Chaney, T. Liquidity Constrained Exporters [R]. University of Chicago Mimeo, 2005.

[120] Charles J. Hadlock, Joshua R. Pierce. New Evidence on Measuring Financial Constraints: Moving Beyond the KZ Index [J]. The Quarterly Journal of Economics, Oxford University Press, 2010, 23 (5): 1909-1940.

[121] Cohen, W. M. and Klepper, S. Firm Size and the Nature of Innovation within Industries: The Case of Process and Product R&D [J]. The Review of Economics and Statistics, MIT Press, 1996, 78 (2): 232-243.

[122] Cornaggia, Jess, Yifei Mao, Xuan Tian, and Brian Wolfe. Does Banking Competition Affect Innovation? [J]. Journal of Financial Economics, 2015, 115: 189-209.

[123] Daniel A. Ackerberg, Kevin Caves, Garth Frazer. Identification Properties of Recent Production Function Estimators [J]. Blackwell Publishing Ltd, 2015, 83 (6): 2411-2451.

[124] Dario Fauceglia. Credit Constraints, Firm Exports and Financial Development: Evidence From Developing Countries [J]. Elsevier Inc., 2015, 55: 53-66.

[125] Dario Fauceglia. Credit Market Institutions and Firm Imports of Capital Goods: Evidence From Developing Countries [J]. Elsevier Inc., 2015, 43 (4): 902-918.

[126] Darren Bush. Electricity Merger Analysis: Market Screens, Market Definition, and Other Lemmings [J]. Springer US, 2008, 32 (3-4):263-288.

[127] David Greenaway, Alessandra Guariglia, Richard Kneller. Financial Factors and Exporting Decisions [J]. Elsevier B. V., 2007, 73 (2): 377-395.

［128］ David Greenaway, Richard Kneller. Firm Heterogeneity, Exporting and Foreign Direct Investment ［J］. Blackwell Publishing, 2007, 117（517）: 134-161.

［129］ David Hummels, Jun Ishii, Kei-Mu Yi. The Nature and Growth of Vertical Specialization in World Trade ［J］. Elsevier B. V. , 2001, 54（1）: 75-96.

［130］ Davin Chor, Kalina Manova. Off the Cliff and Back? Credit Conditions and International Trade During the Global Financial Crisis ［J］. Elsevier B. V. , 2012, 87（1）: 117-133.

［131］ Dekle R, Eaton J, Kortum S. Global Rebalancing with Gravity: Measuring the Burden of Adjustment ［J］. IMF Economic Review, 2008, 55（3）: 511-540

［132］ Dirk Czarnitzki. Research and Development in Small and Medium-Sized Enterprises: The Role of Financial Constraints and Public Funding ［J］. Blackwell Publishing Ltd, 2006, 53（3）: 335-357.

［133］ Edmond C. , Midrigan V. , Xu D. Y. Competition, Markups, the Gains from International Trade ［J］. American Economic Review, 2015, 105（10）: 3183-3221.

［134］ Elhanan Helpman, Marc J. Melitz, Stephen R. Yeaple. Export Versus FDI with Heterogeneous Firms ［J］. American Economic Association, 2004, 94（1）: 300-316.

［135］ Fazzari, S. , Hubbard, R. G. , Petersen, B. Financing Constraints and Corporate Investment ［J］. The Brookings Institution, 1988, （1）: 141-195.

［136］ Fazzari S. M. , Hubbard, R. G. , Petersen B. C. , et al. Financing Constraints and Corporate Investment ［J］. Brookings Papers on Economic Activity,

1988, (1): 141-206.

[137] Flora Bellone, Patrick Musso, Lionel Nesta, Stefano Schiavo. Financial Constraints and Firm Export Behaviour [J]. Blackwell Publishing Ltd, 2010, 33 (3): 347-373.

[138] Franco Modigliani, Merton H. Miller. The Cost of Capital, Corporation Finance and the Theory of Investment [J]. The American Economic Association, 1958, 48 (3): 261-297.

[139] Heitor Almeida, Murillo Campello, Michael S. Weisbach. The Cash Flow Sensitivity of Cash [J]. Blackwell Science Inc, 2004, 59 (4): 1777-1804.

[140] Helena Svaleryd, Jonas Vlachos. Financial Markets, the Pattern of Industrial Specialization and Comparative Advantage: Evidence from OECD Countries [J]. Elsevier B. V. , 2005, 49 (1): 113-144.

[141] Hiau Looi Kee, Heiwai Tang. Domestic Value Added in Exports: Theory and Firm Evidence from China [J]. American Economic Association, 2016, 106 (6): 1402-1436.

[142] Inessa Love. Financial Development and Financing Constraints: International Evidence from the Structural Investment Model [J]. Oxford University Press, 2003, 16 (3): 765-791.

[143] Jaewoon Koo, Kyunghee Maeng. The Effect of Financial Liberalization on Firms' Investments in Korea [J]. Elsevier Inc. , 2005, 16 (2): 281-297.

[144] James Levinsohn, Amil Petrin. Estimating Production Functions Using Inputs to Control for Unobservables [J]. Review of Economic Studies Ltd. , 2003, 70 (2): 317-341.

[145] Jan De Loecker, Frederic Warzynski. Markups and Firm-Level Export

Status [J]. American Economic Association, 2012, 102 (6): 2437-2471.

[146] Jerome Hericourt, Sandra Poncet. Exchange Rate Volatility, Financial Constraints, and Trade: Empirical Evidence from Chinese Firms [J]. World Bank, 2015, 29 (3): 550-578.

[147] Jess Cornaggia, Yifei Mao, Xuan Tian, Brian Wolfe. Does Banking Competition Affect Innovation? [J]. North - Holland, 2015, 115 (1): 189 - 209.

[148] Jiandong Ju, Shang-Jin Wei. When is Quality of Financial System a source of Comparative Advantage? [J]. Elsevier B. V., 2011, 84 (2): 178 - 187.

[149] Jonathan Eaton, Samuel Kortum. Technology, Geography, and Trade [J]. Econometric Society, 2002, 70 (5): 1741-1779.

[150] Joseph E. Stiglitz, Andrew Weiss. Credit Rationing in Markets with Imperfect Information [J]. The American Economic Association, 1981, 71 (3): 393-410.

[151] Joseph E. Stiglitz, Andrew Weiss. Credit Rationing in Markets with Imperfect Information [J]. The American Economic Association, 1981, 71 (3): 393-410.

[152] Juan Carluccio, Thibault Fally. Global Sourcing under Imperfect Capital Markets [J]. The MIT Press, 2012, 94 (3): 740-763.

[153] Jung Hur. Finance and Trade: A Cross-Country Empirical Analysis on the Impact of Financial Development and Asset Tangibility on International Trade [J]. Elsevier Ltd, 2006, 34 (10): 1728-1741.

[154] Kalina Manova. Credit Constraints, Equity Market Liberalizations and International Trade [J]. Elsevier B. V., 2008, 76 (1): 33-47.

[155] Kalina Manova, Zhihong Yu. How Firms Export: Processing vs. Ordinary Trade with Financial Frictions [J]. Elsevier B. V. , 2016, 100: 120-137.

[156] Kletzer Kenneth, Bardhan Pranab. Credit Markets and Patterns of International Trade [J]. North-Holland, 1987, 27 (1-2): 57-70.

[157] Koopman, Robert, Zhi Wang. The Value-added Structure of Gross Exports and Global Production Network [R]. Paper for Presentation at the 15th Annual Conference on Global Economic Analysis, 2012.

[158] Koopman, William Powers, Zhi Wang, et al. Give Credit Where Credit Is Due: Tracing Value Added in Global Production Chains [R]. NBER Working Papers NO. W16426, 2010.

[159] Laeven, L. . Does Financial Liberalization Relax Financing Constraints on Firms? [R]. Policy Research Working Paper Series No. 2467, 2000.

[160] Li Zhiyuan, Yu Miaojie. Exports, Productivity, and Credit Constraints: A Firm-Level Empirical Investigation of China [R]. CCER Working Papers NO. 2009005, 2009.

[161] Loren Brandt, Johannes Van Biesebroeck, Yifan Zhang. Creative Accounting or Creative Destruction? Firm-level Productivity Growth in Chinese Manufacturing [J]. Elsevier B. V. , 2011, 97 (2): 339-351.

[162] Manova K. , Credit Constraints, Heterogeneous Firms and International Trade [J]. Review of Economic Studies, 2013, 80 (2): 711-744.

[163] Marc J. Melitz. The Impact of Trade on Intra-Industry Reallocations and Aggregate Industry Productivity [J]. Econometric Society, 2003, 71 (6): 1695-1725.

[164] Maria Bas, Antoine Berthou. Access to Finance and Foreign Technology Upgrading: Firm Level Evidence from India [R]. CEPII Working Papers,

2010.

[165] Maria Bas, Antoine Berthou. Financial Reforms and Foreign Technology Upgrading: Firm Level Evidence from India [R]. CEPII Working Papers, 2011.

[166] Marta Arespa, Diego Gruber. Product Quality and International Price Dynamic [M]. Social Science Electronic Publishing, 2016.

[167] Mayer, Thierry, Ottaviano, Gianmarco I, P. The Happy Few: The Internationalisation of European Firms [J]. ProQuest, 2008, 43 (3): 135 - 148.

[168] Miaojie Yu. Processing Trade, Tariff Reductions and Firm Productivity: Evidence from Chinese Firms [J]. The Economic Journal, 2015, 125 (585): 943-988.

[169] Mohammad M. Rahaman. Access to Financing and Firm Growth [J]. Elsevier B. V., 2010, 35 (3): 709-723.

[170] Musso, P., Schiavo, S.. The Impact of Financial Constraints on Firms Survival and Growth [J]. Journal of Evolutionary Economics, 2008, (18): 135-149.

[171] Muuls, M., Expoters and Credit Constraints. A Firm - Level Approach [R]. National Bank of Belgium, 2008.

[172] Myers Stewart C., Majluf Nicholas S.. Corporate Financing and Investment Decisions when Firms Have Information that Investors do not Have [J]. North-Holland, 1984, 13 (2): 187-221.

[173] Nicola Cetorelli, Pietro F. Peretto. Credit Quantity and Credit Quality: Bank Competition and Capital Accumulation [J]. Elsevier Inc., 2012, 147 (3): 967-998.

[174] Nicolas Berman, Jérôme Héricourt. Financial Factors and the Margins of Trade: Evidence from Cross-Country Firm-Level Data [J]. Elsevier B. V., 2009, 93 (2): 206-217.

[175] Ohlin B. Interregional and International Trade [M]. Cambridge, MA: Harvard University Press, 1933.

[176] Olley, S., Pakes, A. The Dynamics of Productivity in the Telecommunications Equipment Industry [J]. Econometric Society, 1996, 64 (6): 1263-1297.

[177] Oriana Bandiera, Gerard Caprio, Patrick Honohan, Fabio Schiantarelli. Does Financial Reform Raise or Reduce Saving? [J]. MIT Press, 2000, 82 (2): 239-263.

[178] Palani-Rajan Kadapakkam, P. C Kumar, Leigh A Riddick. The Impact of Cash Flows and Firm size on Investment: The International Evidence [J]. Elsevier B. V., 1998, 22 (3): 293-320.

[179] Paul A. Samuelson . Understanding the Marxian Notion of Exploitation: A Summary of the So-Called Transformation Problem Between Marxian Values and Competitive Prices [J]. Journal of Economic Literature, 1971, 9 (2): 399-431.

[180] Paul R. Krugman. Intraindustry Specialization and the Gains from Trade [J]. The University of Chicago Press, 1981, 89 (5): 959-973.

[181] Peter Egger, Michaela Kesina. Financial Constraints and Exports: Evidence from Chinese Firms [J]. Oxford University Press, 2013, 59 (4): 676-706.

[182] Peter, K. Catching up: the Impact of Financial Development on Technology Adoption and Participation in International Trade [D]. Munchen,

Ludwig Maximilians University, 2012.

[183] Raghuram G. Rajan, Luigi Zingales. Financial Dependence and Growth [J]. American Economic Association, 1998, 88 (3): 559-586.

[184] Raoul Minetti, Susan Chun Zhu. Credit constraints and firm export: Microeconomic evidence from Italy [J]. Elsevier B. V., 2010, 83 (2): 109-125.

[185] Richard Upward, Zheng Wang, Jinghai Zheng. Weighing China's Export Basket: The Domestic Content and Technology Intensity of Chinese Exports [J]. Elsevier Inc., 2013, 41 (2): 527-543.

[186] Robert C. Feenstra, Zhiyuan Li, Miaojie Yu. Exports and Credit Constraints under Incomplete Information: Theory and Evidence from China [J]. The MIT Press, 2014, 96 (4): 729-744.

[187] Robert C. Johnson, Guillermo Noguera. Accounting for Intermediates: Production Sharing and Trade in Value Added [J]. Elsevier B. V., 2012, 86 (2): 224-236.

[188] Robert Koopman, Zhi Wang, Shang-Jin Wei. Estimating Domestic Content in Exports When Processing Trade is Pervasive [J]. Elsevier B. V., 2012, 99 (1): 178-189.

[189] Robert Koopman, Zhi Wang, Shang-Jin Wei. Tracing Value-Added and Double Counting in Gross Exports [J]. American Economic Association, 2014, 104 (2): 459-494.

[190] R. W. Jones. A Three-Factor Model in Theory, Trade And History [M]//J. Bhagwati, et al., Eds, Trade, Balance of Payments and Growth. New York: North-Holland Pub. Co, 1971: 3-21.

[191] Sangeeta Pratap. Do Adjustment Costs Explain Investment-cash Flow

Insensitivity? [J]. Elsevier B. V. , 2003, 27 (11): 193-206.

[192] Savignac F. Impact of Financial Constraints on Innovation: What Can be Learned from a Direct Measure? [J]. Economics of Innovation and New Technology, 2008, 17 (5): 553-569

[193] Sean Cleary. The Relationship between Firm Investment and Financial Status [J]. Blackwell Publishers, Inc. , 1999, 54 (2): 673-692.

[194] Simsek A. Speculation and Risk Sharing with New Financial Assets [J]. Quarterly Journal of Economics, 2013, 128 (3): 1365-1396.

[195] Stehrer, Robert. Trade in Value Added and the Value Added in Trade [R]. WIIW Working Papers NO. 81, 2012.

[196] Steven N. Kaplan, Luigi Zingales. Do Investment-Cash Flow Sensitivities Provide Useful Measures of Financing Constraints? [J]. MIT Press, 1997, 112 (1): 169-215.

[197] Thomas Chaney. Liquidity Constrained Exporters [J]. Elsevier B. V. , 2016, 72: 141-154.

[198] Thorsten Beck. Financial Dependence and International Trade [J]. Blackwell Publishing Ltd, 2003, 11 (2): 296-316.

[199] Toni M. Whited, Guojun Wu. Financial Constraints Risk [J]. Oxford University Press, 2006, 19 (2): 531-559.

[200] Wang Zhi, William Powers, Shang-Jin Wei. Value Chains in East Asian Production Networks [R]. USITC Working Papers No. 2009-10-C, 2009.

[201] Weinstein. Exports and Financial Shocks [J]. The Quarterly Journal of Economics, Oxford University Press, 2011, 126 (4): 1841-1877.

[202] Yu Miaojie. Processing Trade, Tariff Reductions and Firm Productivity: Evidence from Chinese Firms [J]. Economic Journal, 2015, 125 (6): 943-988.